Gestalten
Blumen
mit gepreßten

Penny Black June '87

Penny Black

Gestalten mit gepreßten Blumen

Techniken und künstlerisches Gestalten

Mit Fotos von Geoff Dann

Gondrom

Den Blumen unserer Hecken, Wälder und Wiesen gewidmet,
dem wilden und alten Land Cornwall
und dem Monat Mai

Aus dem Englischen übersetzt von Franca Fritz und Heinrich Koop

Lizenzausgabe für Gondrom Verlag GmbH, Bindlach 1996
Ein Dorling Kindersley Buch
Originaltitel: The Complete Book of Pressed Flowers
Copyright © 1988 by Dorling Kindersley Limited, London
Text © 1988 Penny Black
Übersetzung © DuMont Buchverlag Köln. 1988
ISBN 3-8112-1446-2

~ Inhalt ~

~ Einleitung ~

Meine Begeisterung für die Arbeit mit gepreßten Blumen rührt von einer lebenslangen Liebe zu Blumen und Gartenarbeit. Ich erinnere mich an Spaziergänge an der Hand meiner Mutter durch einen rauhen, winterlichen Garten, um die kleinen grünen Sprößlinge der Schneeglöckchen zu betrachten, die sich durch den gefrorenen Erdboden drängten. Schon sehr früh begann ich, die Wälder, Wiesen und Hecken zu erforschen, die unser kleines, reetgedecktes Haus umgaben. Aus meinem Schlafzimmerfenster sah ich Füchse die Wälder und Felder durchstreifen; ich hörte den Waldkauz und die Schleiereule, saß regungslos inmitten von Kaninchen, beobachtete Feld- und Haselmaus, und manchmal entdeckte ich Ringelnattern und Vipern. Sie alle faszinierten mich ebenso wie die Blumen, waren aber lange nicht so einfach zu finden.

Blumen konnte ich überall entdecken, und das Jahr begann für mich mit Schneeglöckchen und Schlüsselblumen, gefolgt von einer aufregenden Suche nach der stinkenden Nieswurz. Danach kamen Narzissen, Buschwindröschen, Veilchen, Lichtnelken, Kuckucksnelken, Hasenglöckchen, Bingelkraut, Orchideen und Wolfsmilch zum Vorschein. Damals pflückte ich alle und stopfte sie, ohne einen Gedanken an künstlerische Gestaltung zu hegen, in Marmeladengläser. Sie verwelkten schon nach kurzer Zeit, und ich suchte neue. In unserem Garten hatte ich mein eigenes Stückchen Land, auf dem ich einige dieser Pflanzen zog. Meine Mutter kaufte mir kleine Päckchen mit einjährigem Pflanzensamen, und ich erwartete das Aufkeimen der Samen so ungeduldig, daß ich sie manchmal sogar ausgrub, um zu sehen, was passierte (was ich übrigens auch heute noch mache!).

Sanft und romantisch
(rechts)
Eine Fülle von Sommerblumen in mannigfaltigen Pink- und Gelb- schattierungen wird von schwarzen Perlen und Reiskörnern umrahmt. Der geschwungene Rand aus Einzelblüten von Wiesenkerbel und Immortellen rundet den Gesamteindruck harmonisch ab.

Sommerwiese
(rechts)
Der Anblick von Klatschmohn, Kornblumen, Kornraden und Kamille, die auf einer Wiese blühen, ist eine der seltenen Schönheiten unserer Landschaft und kann eine Quelle der Inspiration für Ihre Blumenbilder sein.

Ein üppiger Garten
(rechts)
Mit einer prachtvollen und verschwenderischen Blumencollage kann man einen Garten voller Blumen nachempfinden.

»Elisabethanische« Stickerei
(ganz rechts)
Das komplizierte Gitterwerk aus Rosenknospen verleiht diesem Bild in Verbindung mit den gebleichten und gedeckten Farben der Blumen einen Hauch von Eleganz.

Aus diesen farbenfrohen Sommerpflanzen stellte ich Blumenpüppchen mit gekräuselten Petticoats und ein trübe aussehendes Parfum her.

Im Alter von neun Jahren hatte ich ein ansehnliches Stück des Obstgartens in Besitz genommen, das ich mit einer bescheidenen Auswahl von wildwachsenden Blumen und Zierpflanzen dicht übersäte. Ich legte mir sogar einen kleinen Rasen an, indem ich mit einem alten Rasenmäher das Unkraut schnitt. Ich erinnere mich sehr gut an die stille Freude, die ich dabei empfand, und an die Momente, in denen ich mit meiner Katze Puddy in der Abenddämmerung saß, die Fledermäuse beobachtete und den Eulen zuhörte. Mein Leben war eng mit dem Kreislauf der Natur verbunden, und der Friede, den ich dort fand, hat mich nie verlassen.

Duftbeutel

Erstaunlicherweise habe ich als Kind keine Pflanzen gepreßt; ich begann damit erst vor ungefähr zehn Jahren. Um etwas Geld zu verdienen, hatte ich versucht, Duftbeutel herzustellen und zu verkaufen. Da aber viele Leute die gleiche Idee hatten, mußte ich mir schon etwas Besonderes einfallen lassen. Da kam mir der Einfall, spitzenbesetzte Baumwollbeutel mit kleinen gepreßten Rosenknospen zu verzieren. Meine Beutel sollten hübsch sein und anders aussehen als all die übrigen Angebote. Natürlich gelangen die ersten Versuche nur unvollkommen, aber es dauerte nicht lange, bis Stücke entstanden, wie sie hier in diesem Buch zu sehen sind. Im Laufe der Jahre habe ich viele Tausende von ihnen hergestellt, und sie bedeuteten mein »tägliches Brot« in der unsicheren Welt des Kunstgewerbes.

Aber in Gedanken beschäftigte ich mich immer mit Collagen aus gepreßten Blumen, weil ich der Meinung war, daß diese Arbeit enorm viele Gestaltungsmöglichkeiten bot. Vor meinem inneren Auge entstand ein vages Bild von dem, was ich gerne schaffen wollte, aber ich konnte es nicht umsetzen. Ich fertigte eine Vielzahl stilisierter Blumenbilder, war aber nie glücklich mit den Resultaten; ich wollte die Fülle meines Gartens einfangen, doch die spärlichen Collagen, die ich herstellte, konnten dieses Bild in keiner Weise vermitteln.

Erst vor zwei Jahren versuchte ich, in einem Moment spielerischer Eingebung, ein Bild von einem »Wilden Garten« zu entwerfen, und wußte, daß ich auf dem richtigen Weg war; ich konnte tatsächlich meinen Garten darin erkennen, und nach einigen weiteren Versuchen fühlte ich mich sicher genug, eine Collage für eine Ausstellung einzureichen. Sie wurde angenommen, und das war der Beginn meiner Arbeit, wie sie in diesem Buch zu sehen ist. Eine Idee führte zur nächsten, und mir wurden die unbegrenzten Möglichkeiten dieser Kunst bewußt. Heute suche ich überall nach

Anregungen und Ideen für meine Bilder: in Büchern. Gemälden und Gedichten. John Clares Poesie regt meine Erinnerungen an. und ich fühle mich sofort in den Garten meiner Kindheit zurückversetzt:

»The columbine, stone blue or deep night brown,
Their honeycomb-like blossoms hanging down,
Each cottage garden's fond adopted child,
Though heaths still claim them where they still grow wild«

(Die Akelei, tiefblau und dunkelbraun/Ihre Wabenblüten, herrlich anzuschaun/
Sie ist ein gern gesehenes Gartenkind/Jedoch man sie auch auf der Heide findt.)

Diese Zeilen beschwören ein Bild herauf. das dicht mit Moos. Akelei und bescheidenen Gartenpflanzen überwuchert ist. Meine Collage ›Sommerkranz‹, eine meiner liebsten. erinnert an Ophelia in Shakespeares ›Hamlet‹. an den Tanz um einen mit Bändern geschmückten Maibaum und andere romantische Szenen. Die Borte rund um meine ›Elisabethanische Collage‹ wurde von den reich verzierten Stuckarbeiten in den Herrenhäusern des 16. und 17. Jahrhunderts angeregt und soll an sie erinnern: meine Collage ›Persischer Teppich‹ entstand in Anlehnung an ein wunderschön illustriertes Buch von Omar Khayyam. Ich habe immer versucht. etwas von den Stimmungen und Eigenschaften einzufangen. die andere Künstler vermittelt haben. z. B. die fremdartig ätherische Atmosphäre der Gemälde von Frances MacIntosh. die reiche und sinnliche Opulenz der Werke von Leon Bakst und die wunderbaren dekorativen Elemente in den Gemälden von Gustav Klimt.

Ich hoffe. daß mein Buch Sie dazu anregen wird. sich mit dem Pressen von Blumen zu beschäftigen. Die Fertigung von Blumenbildern bereitet nicht nur große Befriedigung und Freude. sie wird auch Ihre Kenntnisse über Pflanzen und Gartenbaukunst vertiefen und ein größeres Verständnis für unsere schöne Landschaft wecken.

Reich und prächtig
In dieser verschwenderischen Collage dominieren die Farben
Lila, Rot und Gold.

Pflanzen

Wo Sie auch leben, ob in der Stadt, auf dem Land oder am
Meer, überall läßt sich eine große Vielfalt von Blumen,
Blättern, Moosen, Flechten, Farnen, Samenköpfen und
sogar von Früchten und Gemüse entdecken, die Sie
sammeln und für Blumenbilder pressen können. Auf den
folgenden Seiten finden Sie viele geeignete Pflanzensorten,
aber Vorsicht: Pflücken Sie niemals geschützte oder
gefährdete Wildpflanzen.

Pflanzen sammeln

Es gibt eine Fülle von Pflanzen, die Sie sammeln können – beschränken Sie sich nicht nur auf Blumen, die in Ihrem Garten wachsen; suchen Sie auch im Wald und in Hecken, am Strand und auf Wiesen, wo Sie eine Vielzahl ungewöhnlicher Dinge finden: spiralförmige Stengel, grüne Blumen und samtige Saatköpfe, Samen und Blüten von Bäumen und außergewöhnliche Algen. An Teichen und Bächen finden Sie Wasserfarn, Tausendblatt und andere Wasserpflanzen. Natürlich lassen sich auch Gräser und Binsen, Moose, Flechten und Pilze sehr gut pressen und ergeben durch ihre Struktur, Form und Farbe ausgefallene Kombinationen.

Pflanzen konservieren

Wenn Sie wildwachsende Pflanzen sammeln, wählen Sie nur so viele aus, wie Sie benötigen. Denken Sie daran, daß es verboten ist, seltene Wildpflanzen zu pflücken oder zu entwurzeln (siehe auch die Liste der geschützten Pflanzen, Seite 116). Dasselbe gilt für die Blumen, die in Ihrem Garten wachsen: es ist sinnlos, Ihr seltenstes Exemplar zu pressen, und genausowenig empfiehlt es sich, eine Pflanze all ihrer Blüten, Knospen oder Blätter zu berauben.

Die Pflanzen sollten sehr trocken sein, wenn Sie sie sammeln; der frühe Nachmittag ist der ideale Zeitpunkt. Schütteln Sie die Blumen vor dem Pflücken leicht: Falls versteckte Wassertröpfchen herausfallen, brauchen sie zum Trocknen ein paar Stunden länger. Wählen Sie nur frische und unbeschädigte Blüten und Blätter, da welke Pflanzen beim Pressen nicht schöner werden. Je schneller Sie Ihre gesammelten Pflanzen pressen, desto besser wird das Ergebnis sein.

Blumenrabatte
(rechts)
Ein sommerliches Blumenbeet ist der ideale Platz, um Blumen zum Pressen zu entdecken. Hier findet man altrosa Skabiosen, kleinen lilafarbenen Rittersporn und Kamillenblüten, die sich zum Pflücken anbieten.

Schattiger Winkel
(unten)
Auf diesem schattigen Fleckchen Erde wachsen das Schmalblättrige Weidenröschen, der Storchschnabel und Wiesenbärenklau, die sich alle wunderbar pressen lassen.

Ergebnisse des Pressens

Wenn man eine Blume preßt, wird sie flach und blättrig. Das ändert ihre gesamte Erscheinung, ihre Form und ihren Umfang. Kleine Blumen wirken größer, wenn ihre Blütenblätter breitflächig auseinandergespreizt werden, auf diese Weise treten die zarten Formen und Farben der Blüten und Blätter deutlicher zutage. Bei dieser Methode des Pressens kann man die verschiedenen Teile einer Blume genau erkennen, z.B. die lieblichen rosafarbenen Blumenböden der Nieswurz und die feinen Streifen an der Unterseite von den Blütenblättern der Sterndolde.

Veränderung der Farben

Auch die Farben gepreßter Blumen können sich auffällig verändern. Wenn man eine frisch gepflückte Blume mit ihrem gepreßten Gegenstück vergleicht, haben beide niemals exakt denselben Farbton. Nach dem Pressen gewinnen viele Farben an Tiefe und Ausdruck. Bei roten Blumen, etwa Rosen oder Anemonen, die leicht zu pressen sind, wird die Farbe kräftiger und dunkler und nimmt eine sanfte Blauschattierung an. Auch blaue Blumen erhalten durch das Pressen eine intensivere Färbung. Orangefarbene und gelbe Blumen wie das Fingerkraut neigen dazu, einen Ton dunkler zu werden, dagegen reagieren grüne Blätter und Kelchblätter sehr unterschiedlich: Einige zeigen nach dem Pressen ein kräftigeres Grün, während andere sich kaum verändern. Weiße Blumen nehmen oft die Farbe von Pergament an; durch schnelles Trocknen und Pressen kann man zuweilen ein schönes Weiß erzielen. Sollte eine Pflanze nach dem Pressen braun werden, so werfen Sie sie nicht weg – mischen Sie sie statt dessen mit anderen Blumen in einer »Zufalls«-Collage.

Bei einigen Pflanzen kann der Farbwechsel verblüffend sein. Waldwachtelweizen und Echtes Labkraut werden beim Pressen schwarz und können dadurch in einer Blumencollage besonders eindrucksvoll wirken. Ein anderes Beispiel ist das Kapkörbchen, der rosa Stern der Steppe, dessen Farbe sich beim Pressen in ein wunderschönes Taubengrau verwandelt. Die meisten roten und blauen Primeln bekommen einen gleichmäßig heliotropen Farbton, während die goldfarbenen und Cowischen Primeln häufig samtschwarz werden. Experimentieren Sie mit den verschiedensten Blumen, und Sie werden herausfinden, welche Pflanzen sich gut pressen lassen und mit welchen Sie die interessantesten und lohnendsten Ergebnisse erzielen.

gepreßter Wiesenkerbel

frischer Wiesenkerbe[l]

gepreßte Anemonen

frische Anemonen

geprefste Hortensie

geprefste Rosenknospen

frische Rosenknospen

frische Hortensie

gepreftes Feldstiefmütterchen

gepreftes Schleierkraut

frisches Feldstiefmütterchen

frisches Schleierkraut

~ *Der Garten* ~

Der Garten hält eine reiche Farbenpalette bereit und liefert das ganze Jahr hindurch
eine verschwenderische Vielfalt von Blumen und Blättern, die sich zum Pressen eignen.
Die beeindruckenden Rosa- und Rottöne Alter Rosen wetteifern mit dem kräftig
lilafarbenen Storchschnabel, mit scharlachroten Fuchsien und sonnengelben Narzissen; die blassen Pastelltöne von rosa- und cremefarbenen Anemonen, Sterndolden und
Kapkörbchen mildern und besänftigen leuchtendere Farben.

Hortensie

Rosa Wiesenkerbel

Perlpfötchen

Nelkenwurz

Wiesen-
Frauenmantel

Kirschblüten

Taubnessel

Flieder

Fuchsie

Aschenpflanze

Sterndolde

Deutzie

Russische Statize

Narzisse

Ehrenpreis

Rosenknospen

Primel

Japanische
Anemone

Geflecktes
Geißblatt

Schneeball

Alte Rosen

Wilder Wein

Storchschnabel

Fingerkraut

Rittersporn

Schönmalve

Skabiose

Mädesüß

Rosa Mädesüß

Borretsch

Geflekte Goldrute

Primel

Kolkwitzie

Gilbweiderich

»De Caen« Anemone

Kapkörbchen

Erika
Heidekraut,

Clematis

Lauch

Schmalblättriges
Weidenröschen

～ Die Hecke ～

In einer Hecke finden Sie viele Pflanzen, die Sie pressen können – farbenfrohes, hübsches Scharbockskraut, die roten Blütenköpfe der Lichtnelke, die langen, rauhen Stiele des Wiesenknopfs und der Salweide sowie die flockigen Samenköpfe der Waldrebe. Die winzigen Dolden des Wiesenkerbels und des Schierlings-Wasserfenchels geben den Randzonen Ihrer Blumenbilder einen gelungenen Abschluß.

Ampfer

Mondviole

Haselkätzchen

Schierlings-Wasserfenchel

Scharbockskraut

Wermut

Wiesenkerbel

Heilziest

Sternmiere

Wiesenknopf

Beinwell

Erdbeere

Scharbockskraut

Weißes Gemeines Hundsveilchen

Salweide

Brombeere

Labkraut

Hopfen

Schafgarbe

Rankender Erdrauch

Flockenblume

Rote Lichtnelke

Spitzwegerich

Zimbelkraut

Schachtelhalm

Immergrün

Sauerampfer

Bergwicke

Haselkätzchen

Wilder Kerbel

Waldrebe

Salbei-Gamander

Mauer-Erdrauch

Schmalblättriges
Weidenröschen

~ Der Wald ~

An kühlen, schattigen Plätzen unter Bäumen sind viele anmutige Waldpflanzen beheimatet. Im Frühling sieht man Teppiche aus Hasenglöckchen und gelbgrüner Wolfsmilch, und wenn man sorgfältig sucht, findet man zierliche Buschwindröschen, Veilchen, Schneeglöckchen und Schlüsselblumen. Mit fortschreitender Jahreszeit kann man dann alle Arten von Kätzchen, Beeren, Samenköpfen und skelettierten Blättern zum Pressen sammeln.

Efeublätter

Efeufrucht

Sauerklee

Schwamm

Maiglöckchen

Pilze

Flechte

Moos

Waldmeister

Schneeglöckchen

skelettierte Blätter

Schlüsselblume

Bach-Nelkenwurz

Narzisse

Günsel

Gundelrebe

Erlenkätzchen

Wald-Wolfsmilch

Wolfsmilch

Große Hainsimse

Schwarz-brauner
Storchschnabel

Bergahornblüten

Hasenglöckchen

Schildfarn-Triebe

Weiße Hasenglöckchen

Wurmfarn

Brauner Streifenfarn

Hirschzungen-
farntriebe

Waldveilchen

Buschwindröschen

Wald-
Vergißmeinnicht

~ Die Küste ~

Wenn Sie an der Küste leben, finden Sie eine reiche Auswahl an Pflanzen, die sich zum
Pressen eignen. Außer den vielen kleinen farbenfrohen Blumen, die in Küstenregionen
heimisch sind, gibt es eine große Zahl von Seetang-Arten, die Sie sammeln können. Mit
ihren faszinierenden stacheligen und fedrigen Formen und ihren wunderschön kräftigen Grün-, Rot- und Schwarztönen können Algen einem Blumenbild besondere
Atmosphäre verleihen.

Meerzwiebel

Strand-Leimkraut

Grasnelke

Wilde Möhre

Gelbdolden

Fenchel

Gemeiner Hornklee

Flechte

verschiedene Seetang-Arten

verschiedene Seetang-Arten

Gelbdolden

~ *Die Wiese* ~

Der Anblick einer Wiese voller farbenprächtiger wildwachsender Blumen weckt in mir sofort Erinnerungen. Viele der Lieblingsblumen meiner Kindheit gedeihen auf einer Wiese – das gilt für Butterblumen, Gänseblümchen, Himmelsschlüssel und Wiesenschaumkraut, die sich alle wunderbar pressen lassen. Aber halten Sie Maß beim Blumenpflücken – lassen Sie immer genug stehen, damit sich noch Samen verbreiten kann, und pflücken Sie nie geschützte Pflanzen.

Flockenblume

Wiesen-Storchschnabel

Butterblumen

Mädesüß

Gänseblümchen

Gamander-Ehrenpreis

Wiesenschaumkraut

Feldstiefmütterchen

Distel

Binse

Gänsefingerkraut

Wilder Majoran

melsschlüssel

Roter Klee

Wiesenkerbel

Gemeiner Hornklee

Wegerich

Sauerampfer

Sumpfdotterblume

verschiedene Gräser

⁓ *Moose, Flechten & Pilze* ⁓

Wenn Sie an feuchten, schattigen Plätzen suchen – auf Steinen, Baumstümpfen,
Mauern und an Flußufern –, werden Sie Moose, Flechten und Pilze im Überfluß finden
können, von denen sich viele in Ihren Blumenbildern ideal verwenden lassen. Moosbüschel, kräftig grün und federnd oder steif und drahtig, sowie Stücke verkrusteter gelber
oder grausilberner Flechten verleihen einem Bild Tiefe und Struktur; kleingeschnittene
Pilze aller Art ergeben viele ungewöhnliche Formen und Muster.

~ Farne ~

Die wunderbare Vielfalt von Farnen und farnähnlichen Blättern, die Sie pressen und in Ihre Blumenbilder einbeziehen können, reicht vom leichten und feinen Spargelkraut bis hin zum kräftigen und mächtigen Hirschzungenfarn. Farne wirken beruhigend und sanft und vermitteln den Eindruck einer schattigen Lichtung. Während fedrige Farne ein Bild eher mildern und schöne Spitzenmuster ergeben, verleihen dickere und schwerere Farne einem Bild kräftige Strukturen.

Federballfarn

Rippenfarn

Lederfarn

Schildfarn-Trieb

Brauner Streifenfarn

Buchenfarn

Ausgewachsener Schildfarn

Hauben-Tüpfelfarn

Schwarzer Streifenfarn

Junger Schildfarn

Spargelkraut

Tüpfelfarn

Adlerfarn

Aniskerbel

Goldschuppenfarn

Frauenhaarfarn

Schachtelhalm

Hirschzunge

~ Samenköpfe ~

Eine Vielzahl von Samenköpfen eignet sich zum Pressen und Trocknen. Die kreisrunde Wilde Möhre und die mit feinen Härchen versehene Waldrebe haben faszinierende Formen, andere, wie die doldenartigen Hagebutten- und Brombeerbüschel, sorgen für interessante Strukturen. Wieder andere sind von ungewöhnlicher Schönheit, z. B. die perlmuttfarbenen Samenkapseln der Mondviole. Da die meisten Samenköpfe neutrale Braun- und Grüntöne haben, kann man sie in fast allen Kompositionen verwenden.

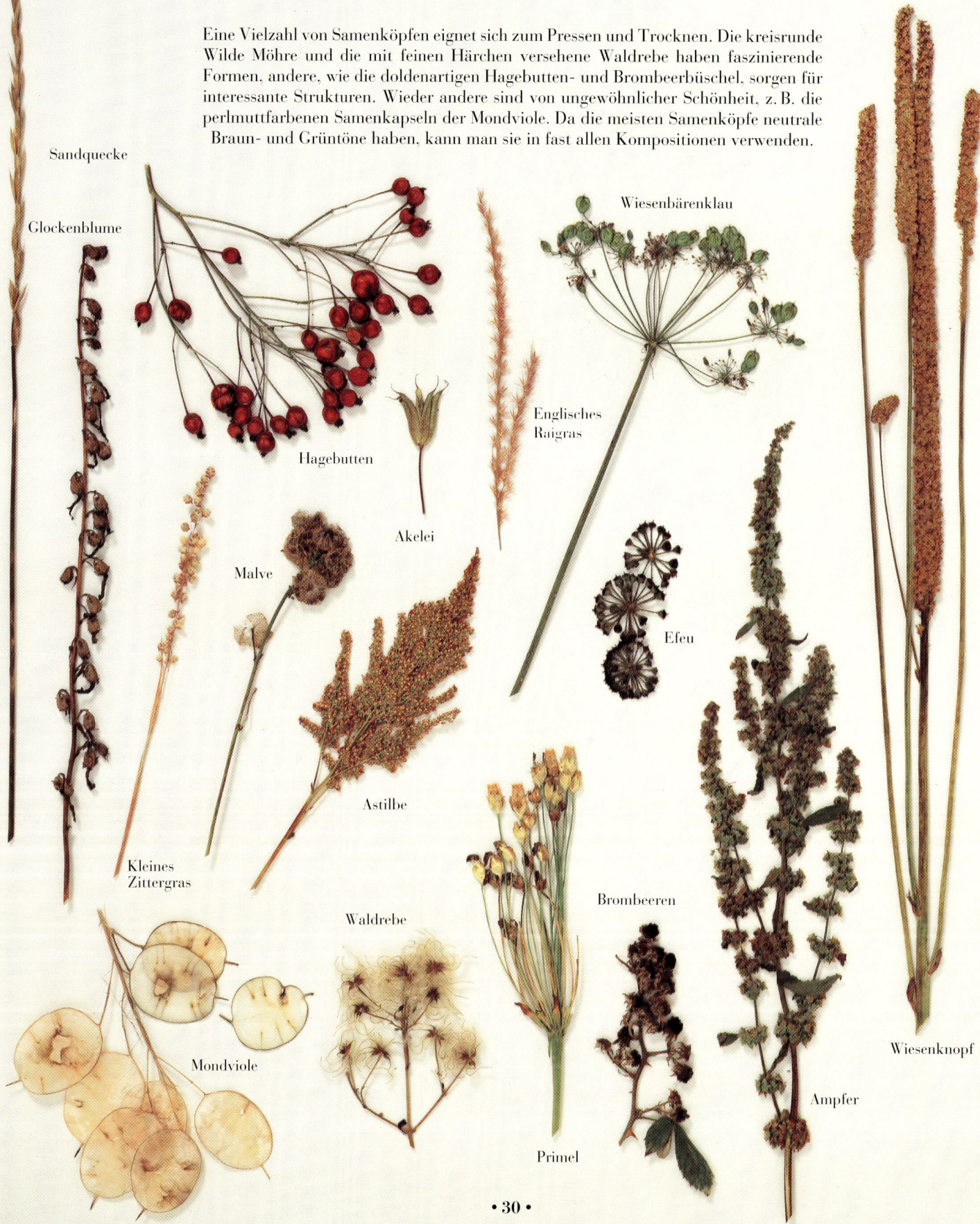

Sandquecke

Glockenblume

Wiesenbärenklau

Hagebutten

Englisches Raigras

Akelei

Malve

Efeu

Astilbe

Kleines Zittergras

Brombeeren

Waldrebe

Mondviole

Wiesenknopf

Primel

Ampfer

Akelei

Astilbe

Wilde Möhre

Schafgarbe

Wilde Möhre

Wiesenhafer

Himmelsleiter

Große Hainsimse

Mädesüß

Lavendel

Nabelkraut

Rippenfarn

Obst & Gemüse

Von der vertrauten heimischen Möhre bis zur exotischen Kumquat eignen sich viele Früchte und Gemüsesorten zum Pressen. Rote und gelbe Paprikaschoten, Erdbeeren und Peperoni behalten ihre kräftigen Farben, während Rotkohl und Artischocken nach dem Pressen faszinierende Formen annehmen. Auch Hülsenfrüchte geben, phantasievoll arrangiert, einem Bild Struktur und Farbe.

Zwiebelringe

Saubohne

Möhre

Erdbeeren

Wasserkresse

Petersilie

Möhrenblüte

Lycheehaut

Luzernensprößlinge

Fenchel

Blumenkohl

rote Linsen

Kürbiskerne

Reisbohnen

Reis

grüne Linsen

Französische
Zwergbohnen

Kiwis

Rhabarber

rote und gelbe
Paprikaschoten

Okra

Peperoni

Kumquat,
japanische oder
Zwerg-Orange

Pilze

Zuckererbsen

Rotkohl

Artischocke

gelbe Erbsen

grüne Erbsen

Feuerbohnen

rote Bohnen

~ *Blätter & Rinde* ~

Skelettierte Blätter, die nicht schwer zu finden sind, haben unschätzbaren Wert für
meine Blumenbilder; die unten gezeigten Exemplare habe ich alle während eines
Waldspaziergangs gesammelt. Die Blätter bilden die unterste Lage meiner Collagen;
ihre komplizierte Maserung schafft zarte spitzenähnliche Muster, die eine darunterlie-
gende Farbe mildern und dämpfen können. Auch die Baumrinde mit ihrer derben
Struktur vermag einem Bild Tiefe und Spannung zu verleihen.

Eiche

Stechpalme

Mannstreu

Ahorn

Magnolie

Baumrinde

Material
&
Techniken

Auf den folgenden Seiten sind die wichtigsten Werkzeuge und Ausrüstungsgegenstände abgebildet, die Sie für die Herstellung von Blumenbildern benötigen. Dazu gehören Schneidewerkzeug, Papier und Karton, Stoffe und Schreibutensilien. Die verwendeten Techniken sind einfach; mit ein wenig Übung werden Sie alle schnell beherrschen und in der Lage sein, Ihre eigenen Blumencollagen zu komponieren.

Werkzeuge & Ausrüstung

Mein wichtigstes Werkzeug beim Umgang mit Pflanzenmaterial ist eine Briefmarkenpinzette. Sie werden vielleicht eine Pinzette mit abgerundeten Enden bevorzugen, die mir allerdings ein wenig zu unhandlich ist.

Unbedingt notwendig sind: Kautschuk-Kleber, Zahnstocher, um den Kleber aufzutragen, Bleistifte, ein Radiergummi, ein Lineal, ein Kurvenlineal, ein scharfes Messer zum Schneiden von geraden Kanten, Haarspray, um Pflanzen auf fertigen Collagen zu fixieren und eine scharfe Schere. Andere Gegenstände können nützlich sein, sind aber nicht unbedingt erforderlich.

Der absolute Luxus wäre ein eigenes Arbeitszimmer. Ich habe mich jahrelang in der Küche mit einer einzigen Arbeitsfläche begnügen müssen, umgeben von Familie, Tieren, Teetassen und getoasteten Käsesandwiches. Wir alle haben es recht gut überstanden, aber welch eine Wonne, in einem eigenen Raum zu arbeiten!

Skalpell

kleine Nagelschere

Universalschneider, Teppichmesser

Haarpinsel

hartes Radiergummi

große Schere

Krepp-Band

Pinzette mit abgerundeten Enden

Pinzette

weiche Radiergummi

Metall-Lineal

durchsichtiges Plastiklineal

weicher Bleistift, 2B

durchsichtiger Klebstoff

Kautschukkleber

Untertasse mit Kautschukkleber

Papiertuch

Papierwindel

Lupe

Kurvenlineale

Falzbeine

Zahnstocher

Schwamm

Haarspray

Sprühkleber

PFLANZENPRESSEN

Auch wenn Ihnen für den Anfang eine Zeitschrift oder ein schweres Buch genügt, um Ihre Blumen und Blätter zu pressen, bringt eine Pflanzenpresse bessere Ergebnisse und ist absolut unverzichtbar für denjenigen, der sich mit diesem Hobby intensiver beschäftigen möchte. Es gibt verschiedene Arten und Größen von Pflanzenpressen. Zwei Sorten sind als Beispiele unten abgebildet.

Professionelle Presse

Dies ist eine Hochleistungspresse, ideal für diejenigen, die sich mit dem Pflanzenpressen intensiv beschäftigen möchten. Über eine einzige Mittelschraube ist sie einfach und schnell zu bedienen. Da sie sehr hohen Druck ausüben kann, ist sie auch für das Pressen von dickem und kräftigem Pflanzenmaterial geeignet.

Einfache Presse

Diese Presse ist leichter und handlicher als die professionelle Presse, dafür ist aber der Druck, den sie ausüben kann, nicht ganz so hoch. Dennoch ist sie als Standardpresse für Blumen und Blätter und weniger strukturierte Pflanzen absolut ausreichend. Sie wird mit sechs Flügelschrauben bedient.

Papier & Karton

Das Papier, das Sie als Hintergrund verwenden, ist für den Gesamteindruck Ihrer Collage von großer Bedeutung. Papier von guter Qualität, vorzugsweise handgeschöpftes, ist also sehr wichtig. Sie werden Zeit, Ideen und sicher einen Teil Ihrer selbst in Ihre Arbeit einbringen; daher verdient sie es, auf schönem Papier ausgestellt zu werden.

Man kann viele nach Gewicht, Struktur und Farbton differierende Papier- und Kartonsorten benutzen. Grundsätzlich sollten Sie bei größeren Collagen als Hintergrund Karton oder Papier von hohem Gewicht bevorzugen und leichtes Papier für kleinere Bilder und Karten verwenden. Es gibt sehr schönes farbiges Papier, auf dem Ihre Blumencollage gut zur Geltung kommt; auf schlichtem weißem Papier werden Form und Farbe Ihres Entwurfs stärker hervorgehoben und in ihrem Gesamteffekt eindrucksvoll unterstrichen.

Auch für strukturierte Papieroberflächen gibt es im Fachhandel ein reichliches Sortenangebot. Für große und stark texturierte Collagen nehme ich immer schweres und grob strukturiertes Papier. Die zerbrechlichen Pflanzen harmonieren wunderbar mit der Maserung des Papiers. Genausoviel Spaß macht es, Papier zu verwenden, das mit Zwiebelhäuten oder Adlerfarn gefärbt oder durchsetzt ist. Man kann auch maschinell hergestelltes Strukturpapier bekommen, das sich ausgezeichnet als Ersatz für handgeschöpftes Papier eignet. Arrangements mit sparsamer Struktur erhalten dagegen auf glattem Papier eine bessere Wirkung.

Ungewöhnliche Papiersorten

Europäische Papiersorten, wie das marmorierte italienische Papier, sorgen für einen interessanten Hintergrund. Als Alternative dazu können Sie einige der wunderschönen japanischen Papiersorten verwenden: Da sie meist sehr dünn sind, müssen sie eventuell mit einem billigeren weißen Papier von mittlerem Gewicht unterlegt werden. Sie können aber auch mit Textil- oder Velourstapeten experimentieren, die wie Brokat oder Samt wirken können.

Außerdem benötigen Sie beim Pressen Ihrer Pflanzen saugfähiges Papier. Ich selbst nutze zumeist Umweltpapier, aber Löschpapier, Tonpapier oder sogar Zeitungspapier leisten ähnlich gute Dienste.

Japanisches Faserpapier

Ingrespapier

Löschpapier

marmoriertes Papier aus Malmarque

Aufziehkarton

Tonpapier

handgeschöpftes Papier

Bastpapier

handgeschöpftes Papier
mit Zwiebelhautstückchen

handgeschöpftes
Papier mit
Adlerfarnstückchen

handgeschöpftes
Aquarellpapier

Japanpapier mit
quadratischem Muster

Montbretie-farbenes
Manilapapier

Weinfarbenes
Manilapapier

Maulbeerfarbenes
Manilapapier

Gold- und Silberpapier

~ Stoffe ~

Viele Stoffe lassen sich als Hintergrund für Ihre Bilder verwenden; sie eignen sich auch zur Herstellung von Kissen, Säckchen oder Beuteln. Zwar hat jeder Mensch seinen individuellen ästhetischen Geschmack, aber es gibt wohl dennoch ein paar Regeln, nach denen wir alle arbeiten können.

Zunächst empfehle ich, daß alle Stoffe, die Sie verwenden, aus natürlichem Material sein sollten. Synthetische Materialien sind nicht dazu geeignet, Schönheit und Natürlichkeit ihrer Arbeiten zur Geltung kommen zu lassen. Starke Acrylfarben wirken viel zu schrill; aber es ist durchaus möglich, kräftig bedruckte, geblümte Baumwoll- und Chintzstoffe so lange zu waschen, bis sie ausgebleicht sind und wie Köperware aussehen.

Natürliche Materialien und Farbstoffe

Seiden-, Leinen- und Baumwollstoffe in neutralen Braun-, Creme- und Beigetönen eignen sich für alle Arbeiten mit gepreßten Blumen. Nähen Sie Zwischenfutterstoff, Baumwollnetz oder alte Spitze auf ungebleichtes Kaliko, um einen Hintergrund mit attraktiver Struktur zu schaffen. Auch gestreifter Baumwollzwillich kann einem Blumenbild mit kräftigen Farben ein modernes Aussehen verleihen.

Ihre Stoffe lassen sich mit natürlichen Färbemitteln wie Flechten, Zwiebeln, Gelbwurz, Ringelblume, Schlehenbeeren, Holunderbeeren und Adlerfarn einfärben. Häufig sind die Resultate sehr schön und passen sich gut den Farben Ihrer gepreßten Blumen an. Mehr über die genauen Arbeitsweisen beim Stoffärben finden Sie auf Seite 108. Man kann auch prächtig gefärbte Seide, Brokat oder Samt verwenden; sie bereichern eine Blumencollage durch Eleganz und Luxus. Probieren Sie aber erst, ob die Farben für Ihr Arrangement nicht zu kräftig sind.

Bei den meisten Textilien empfiehlt es sich, sie mit einer Einlage zu versehen, die dem Stoff Stabilität verleiht und ein Knittern verhindert. Sie können Ihren Stoff aber auch mit einer leichten, synthetischen Wattierung unterlegen und so eine Art Steppdeckeneffekt erzielen. Das kann bei Spitzen- und Kopfkissen sehr gut wirken.

antiker Brokat

antiker Samt

gefärbter Samt

Synthetikwattierung

verschiedene irische Leinenstoffe

Einlage

antike gefärbte Seide

mit Flechten gefärbte (links) und ungefärbte Seide

Indische Seide

Wasserseiden-Taft

Zwischenfutterstoff

Irisches Leinen

viktorianischer Seidentaft   gebleichte und ungebleichte Baumwolldrucke   Seidenstoffe für sakrale Gewänder

Kaliko

Baumwollzwillich

Spitzenbesatz

antike Spitze

Wie man ein Bild anfertigt

Für Ihren ersten Versuch einer Blumencollage sollten Sie sich sehr viel Zeit nehmen. Schaffen Sie sich zunächst genügend Platz, und legen Sie sich alles griffbereit: Leim, Karton, Zahnstocher, Schere und natürlich eine große Auswahl gepreßter Pflanzen. Wenn Sie Ihre gepreßten Blumen zunächst nach Größe, Form oder Farbe ordnen, läßt sich der Zeitaufwand einsparen, den man ansonsten aufbringen müßte, um aus einem ungeordneten Haufen gepreßter Blumen das jeweils gewünschte Stück herauszusuchen.

Es kann eine Weile dauern, bis Sie sich an den Umgang mit Briefmarkenzange oder Pinzette gewöhnt haben, und ab und zu werden Sie Blumen oder Halme sicher auch beschädigen. Keine Sorge – Sie werden bald an Sicherheit gewinnen. Die Grundregeln für die Fertigung eines Bildes finden Sie am Ende des Kapitels. Wenn man einmal die verschiedenen Techniken beherrscht und mit dem Pflanzenmaterial sicher umzugehen versteht, kann man mit dem Experimentieren beginnen und seine eigenen, individuellen Blumencollagen anfertigen.

Ein Bild ist dann gelungen, wenn es schön anzusehen ist. Es sollte harmonisch in der Gestaltung und Farbzusammenstellung wirken. Um ein Bild interessant zu gestalten, wählen Sie Pflanzen möglichst unterschiedlicher Struktur und Form.

DIE GRUNDREGELN

1 Schneiden Sie aus Karton die Unterlage zu. Streichen Sie Kautschukkleber darüber. Plazieren Sie, in der oberen Mitte beginnend, sorgfältig skelettierte Blätter auf den bestrichenen Karton.

2 Beschneiden Sie die Blätter an jenen Stellen, wo sie über den Karton hinausragen. Anschließend werden Moossorten und Flechten, die zuvor vorsichtig in Klebstoff gestippt worden sind, auf dem Bild angeordnet.

3 Zarte Blüten halten Sie am besten mit der Pinzette. Tupfen Sie mit einem Zahnstocher Klebstoff auf die Rückseite jedes Blütenbodens. Setzen Sie die Blumen vorsichtig an die gewünschte Stelle.

4 Kleben Sie Blütenzweige auf das Moos. Tupfen Sie mit einem Zahnstocher Klebstoff auf die kleinen Blätter, und drücken Sie sie sanft an den Rand des Kartons. Dann werden weitere kleine Blüten auf dem Bild verteilt.

5 Vor der Fertigstellung wird das Bild umgedreht und an der Unterkante beschnitten. Dabei sollten Sie das Bild vorsichtig mit einer Hand halten, während die andere Kante auf dem Tisch aufliegt.

6 Tupfen Sie mit dem Zahnstocher Klebstoff auf das untere Drittel längerer Blumenstengel. Dann stecken Sie mit Hilfe der Pinzette die Stengel hinter Blumen und Mooskissen. So wird Ihr Blumenbild vervollständigt.

Das fertige Bild
In der feinen Kombination von gedämpften Rosttönen und Grün wirkt
die Collage sanft und herbstlich.

Stifte & Tinten

Vielleicht möchten Sie Ihr Bild abschließend signieren oder mit einem Titel versehen. Denken Sie daran, einen möglichst feinen Stift zu verwenden. Ich habe festgestellt, daß auf Papier ein feiner Tuschezeichner am besten schreibt; auf Stoff sollte man einen Faserschreiber vorziehen. Sie können auch einen Federhalter mit feiner Spitze oder eine Zeichenfeder verwenden, die Sie in Goldfarbe oder wasserlösliche Tinte eintauchen. Tinte ist in vielen Farben erhältlich; Sie brauchen aber eigentlich nur wenige Grundfarben, mit denen Sie dann Ihre eigenen Farbtöne mischen können.

Bei gezeichneten Hintergründen benutzen Sie besser dickere Filzstifte auf Wasserbasis; experimentieren Sie ruhig mit den erhältlichen Farbtönen. Mit Pastellkreiden kann man wunderschöne Hintergründe in sanften Farben malen, die mit den natürlichen Farbtönen der Blumen gut harmonieren.

weicher Bleistift

feiner Tuschezeichner

sehr feine Faserschreiber

Druckbleistift

Pastellkreiden

feiner goldener Lackstift

feine Zeichenfeder

verschiedene Schreibfedern

Federhalter

Blattgold-Farbe

wasserlösliche Tinte

Filzstifte (Wasserbasis)

breiter silberner Lackstift

Farbmarker

Ausziehtusche

Gänsekiel

Komposition, Farbe & Struktur

Auf den folgenden Seiten sehen Sie, wie man
ein Blumenbild plant, welchen
Kompositionsstil man wählt, welche Farben
man benutzt und wie man verschiedene
Strukturen miteinander kombiniert. Sie
können sich für eine üppige und prächtige
Komposition in majestätischem Rot und
Purpur entscheiden, aber auch ein sanftes,
romantisches Bild in Pastellfarben mit fedrigen
Strukturen entwerfen. Die nächsten Seiten
dienen als Ratgeber, doch sollte man vor allem
selbst kreativ experimentieren.

Komposition

Bei der Komposition eines Blumenbildes muß man sowohl die äußere Form des Arrangements bedenken als auch die Art und Weise, in der innerhalb des Arrangements Pflanzen kombiniert oder gruppiert werden sollen.

Kreisrunde oder ovale Gebinde, Bukette und Blumensträuße, Friese oder sich wiederholende Muster einer Bordüre – das sind Formen, die als Anregung dienen können. Darüber hinaus gibt es auch noch die Möglichkeit, die Pflanzen nach botanischen Kriterien anzuordnen und zwischen den einzelnen Exemplaren viel Platz zu lassen. Solche Formen können Sie variieren, wie es Ihrer Phantasie beliebt. Es gibt auch »freie Collagen«, bei denen die äußere Form eher zufällig entsteht. Sie können sogar Entwürfe wählen, die verschiedene Formen miteinander kombinieren, etwa ein Bukett mit einer Bordüre.

Entwicklung eines Stils

Wie Sie Blumen und anderes Pflanzenmaterial miteinander kombinieren, ist eine Frage Ihres persönlichen Farben- und Formengeschmacks. Gerade bei der Herstellung von Bildern aus gepreßten Blumen können Sie Ihren ganz eigenen Stil entwickeln und pflegen. Sie werden sich an gelungene Kombinationen erinnern und sie wiederverwenden. Wenn Sie sich für einen üppigen Stil entscheiden, greifen Sie zu allen Zweigen, Einzelblüten, Blättern, Moosen und Flechten, die Ihnen gefallen. Es sollte keine Gleichförmigkeit herrschen – gerade ein zufälliges Arrangement wirkt natürlich und bezaubernd. Bei solchen Bildern erziele ich einen Tiefeneffekt gerne dadurch, daß ich große, dünne Exemplare in den Vordergrund stelle und dahinterliegende Pflanzen dadurch teilweise verdecke.

Karte mit Kranz
(oben rechts)
Ein ovaler Kranz aus Rosen wird gekrönt von einer herrlichen »Veilchen-blau«-Rose.

Blumenkorb
(ganz rechts)
Diese traditionelle Komposition hebt sich wirkungsvoll von dem modernen Baumwollzwillich ab.

Üppiges Fries
(rechts)
Dieses kleine Fries enthält eine reiche Mischung aus Wild- und Zierpflanzen, die alle im Frühsommer gepflückt wurden.

Prächtig & verschwenderisch

Bei der Komposition von prächtigen und verschwenderischen Blumenbildern bieten sich viele Möglichkeiten. Lassen Sie Ihrer Phantasie einfach freien Lauf, und experimentieren Sie mit den Blumen, Blättern, Dornen und Zweigen, die Ihnen zur Verfügung stehen. Kombinieren Sie unterschiedliche Farben, Strukturen und Formen miteinander. Mit dunklen Rot-, leuchtenden Gelb- und kräftigen Grüntönen erzielt man Üppigkeit, während die mannigfaltigen Strukturen von groben Flechten, stachligen und langstieligen Pflanzen und weichen, sanften Blumen einer Collage Reiz und Vielfalt verleihen. Sie können aus losen, abstrakt arrangierten Blumen und Blättern eine prächtige Tapisserie herstellen, wobei jeder Bildwinkel zur Augenweide wird; Sie können aber auch ein üppiges Bild anfertigen, das von Blüten, Flechten und großen, spindeldürren Stielen überquillt.

Als allererstes sollten Sie eine Unterlage aus skelettierten Blättern anfertigen, die gegebenenfalls zuvor schon mit einer anderen Farbe besprüht worden ist. Darauf arrangieren Sie Ihre ausgewählten Pflanzen, vielleicht in einem zufälligen, abstrakten Muster, in dem Moosbüschel große Rosenblüten überlappen, fedrige Farne und die kleinen Blüten der Wilden Möhre die Ränder verzieren und Zweige der Deutzie und der Hortensie größere Blumen teilweise überdecken. Ein Arrangement kühner Farbtupfer kann verblüffend und beeindruckend wirken, etwa eine Fülle dunkelroter Rosen, die in reizvollem Kontrast zu den sie umgebenden blasseren Farben stehen. Um Ihrer Komposition den letzten Schliff zu geben, streuen Sie Muscheln und Perlen über die Collage. Damit erreichen Sie Glanz, Glitzer und einen Hauch von Luxus.

Freie Collage
(rechts)
Eine eher zufällige Komposition farbenfroher Blüten, die teilweise von Moosen, Blättern und Zweigen überdeckt werden, ist auf einem spitzenartigen Hintergrund aus skelettierten Blättern arrangiert.

Mondscheingarten
(ganz rechts)
In diesem Bild wird durch eine Kombination von Silber-, Grau- und Cremetönen ein üppiger und doch zarter Effekt erzielt. Jett- und Kristallperlen verleihen dem Ganzen einen Hauch von Opulenz.

Schlicht & botanisch

Meine botanischen Kompositionen sind von Zeichnungen in Pflanzenbüchern des 16. und 17. Jahrhunderts inspiriert. Ihre naive Schlichtheit wirkt sehr anziehend; in einer eher stilisierten Form sind einzelne Pflanzenexemplare, oft noch mit ihren Wurzeln, peinlich genau abgebildet. Häufig sieht man neben der Mutterpflanze einzelne Blüten- und Samenkapseln, wobei jeder Teil individuell bezeichnet ist.

Derartige Bilder dienten ursprünglich reinen Lehrzwecken, wurden aber später auch als dekorativ empfunden. Unter diesem letzteren Aspekt entwickelte ich meinen botanischen Kompositionsstil.

Einzelexemplare

Ein Bild mit einer einzelnen gepreßten Blume ist sehr einfach herzustellen und eine gute Übung für den Anfänger. Wirkungsvolle botanische Kompositionen sind klar, einfach und mit sichtbarem weißen Hintergrund belassen.

Sie können jede Pflanzenart verwenden, die Ihnen gefällt; schöne kleine Pflanzen, wie die Kamille, das Kußröschen oder die Butterblume eignen sich gut für kleine Karten; wenn Sie ein größeres Bild machen wollen, können Sie größere Arten oder Gruppen von Pflanzen nehmen, etwa eine Kollektion von Gartenpflanzen oder eine Auswahl wohlriechender Kräuter.

Um das Bild weiterzuentwickeln, könnten Sie eine Bordüre aus Rosenknospen anfertigen oder einen Rahmen aus blassen Aquarellfarben malen. Auch aus einer abstrakten Blumencollage lassen sich kunstvolle Umrahmungen herstellen. Anregungen und Ideen finden Sie auf den reich illustrierten Seiten alter Kräuterbücher.

Botanisches Pflanzenbuch

Ich habe in meinem elisabethanischen Pflanzenbild, das Sie auf der gegenüberliegenden Seite sehen, eine Vielzahl von Pflanzen ausgestellt, die man meiner Vermutung nach schon damals bewundert haben könnte: erblühte Damaszener-Rosen, Farne, Sterndolden, Skabiosen, Wiesenschaumkraut und Lungenkraut. Ich sammelte die meisten in meinem eigenen Garten und preßte sie, die kleinen Farne sogar mit ihren Wurzeln. Der Schierlings-Wasserfenchel, das Wiesenschaumkraut und die Alten Rosen haben eine lange Geschichte. Auch die süßduftende Monarde und die kleinen Sterndolden sind sehr alte Pflanzen. Die einzelnen Exemplare werden von einer wunderschönen farbigen Bordüre umgeben; daraus resultiert ein prächtiger und luxuriöser Kompositionsstil, der in schönem Kontrast zu den ausgestellten Pflanzen steht. Der Rundbogen wird entsprechend dem dekorativen Stil alter Pflanzenbücher von kleinen Rosenknospen umsäumt.

Es gibt viele andere Motive, mit denen man sich beschäftigen kann; um weitere Anregungen zu erhalten, braucht man sich nur in der Natur umzuschauen.

Gartenkräuter
Eine Sammlung von Gartenkräutern ist von einfachen dekorativen Pflanzen eingerahmt.

Karte mit Rosenknospen
Das Arrangement zarter Rosenknospen mit einem Rosenzweig in quadratischer Umrahmung verleiht dieser Karte ruhige Eleganz.

Karte mit botanischem Motiv
Der Reiz dieser wunderschönen Exemplare der gelben Kamille wird durch die Schlichtheit der Karte unterstrichen.

Elisabethanisches Pflanzenbuch
*Das einfache Arrangement altmodischer Blumen im elisabethanischen
Stil erhält durch eine farbenfrohe, dekorative Einfassung, die in einem
völlig anderen Stil gehalten ist, eine besondere Attraktivität.*

Sanft & romantisch

Gepreßte Pflanzen eignen sich geradezu ideal für eine sanfte und romantische Komposition; bieten doch ihre weichen, geschwungenen Formen, ihre sanfte, fedrige Struktur und die hübschen Pastellfarben die besten Voraussetzungen. Meine eigenen Vorstellungen von einem sanften und romantischen Stil beziehen sich auf klassische Girlanden, Blumengehänge, Kränze und Blumenbordüren, die von Seidenbändern durchzogen und mit Spitzenbesatz eingefaßt sind. Für solche Arrangements ist ein tieferes Verständnis von Ornamentik und künstlerischer Dekoration nötig – Porzellandekors, Stoffe und Stickereien können Ihnen Anregungen liefern.

Techniken

Dieser Kompositionsstil erfordert eine gewisse Disziplin; die naturalistischen Bögen und fließenden Schwünge sind sorgfältig geplant, damit das Bild harmonisch wirkt. Die Pflanzen werden nicht zufällig angeordnet, sie sollten sich nicht gegenseitig verdecken, und der Hintergrund sollte immer sichtbar sein. Jede Blüte, jedes Blatt, jeder Zweig und jedes Blütenblatt muß wohlbedacht plaziert werden, immer mit einem Blick auf die gesamte Form des Arrangements. Für alle Pflanzen, die bereits eine natürliche Rundung besitzen, wie die hängenden Blütenköpfe des Bach-Nelkenwurz und weich geschwungene Farnwedel, findet man leicht einen Platz. Man kann mit Rosen und Fingerkraut in Pastelltönen sowie mit blassen Sterndoldenblüten die Umrisse der Girlande oder des Blumengewindes bilden; andere kleinere Blumen, wie Rosenknospen, Holunderblüten, kleine Blüten des Wasserfenchels, des Wiesenkerbels und der Wilden Möhre, können die Zwischenräume ausfüllen. Seidenbänder lassen sich als hängende Bögen durch die Blumengebinde winden, und Spitzenbesatz kann als Umrahmung genutzt werden.

Kränze und Girlanden

Sanfte und romantische Arrangements kommen überall zur Geltung, ob bei kleinen Grußkarten oder bei großen Wandbildern. Ein Blumenkranz auf einer Karte kann sehr hübsch aussehen. Verwenden Sie dafür winzige Blüten – Rosen, Fingerkraut und Hortensien – und umsäumen Sie diese mit cremefarbenen Blüten der Wilden Möhre und Zweigen des Mädesüß.

Für größere Kränze können Sie größere, auffallendere Blüten nehmen, ohne Gefahr zu laufen, daß Sie die Collage damit erdrücken. Der Kranz erhält auch dadurch ein üppigeres Erscheinungsbild, daß man ihn mit Moos auspolstert und eine größere Anzahl von Blüten verwendet. Mit Schleierkraut, der Großen Hainsimse und Kräuseln des Wiesenkerbels können Sie hübsche Spitzenränder herstellen.

Die weich hängenden Bögen einer Girlande aus gepreßten Blumen scheinen natürlich zu fließen und haben einen Hauch von Eleganz. Girlanden, Blumengehänge und Gewinde können so lang sein, wie Sie möchten, abhängig lediglich von der Umgebung, in der Sie sie aufhängen wollen. Sanfte, weiche Formen sehen am besten aus, und die Blumenbögen ergeben eine klassische Form, wenn sie inhaltlich und stilistisch harmonieren. Kleine Farnwedel, die aus der Girlande heraushängen, lockern die Form auf, und Efeublätter können dazu dienen, Scheitelpunkte zu bilden.

**Romantischer
Spitzenkranz**
*(oben)
Dieser hübsche
Kranz aus
Sommerblumen,
umrahmt mit antiker
Spitze, ist besonders
effektvoll.*

Schlichte Anmut
*(oben links)
Ein Kranz aus Rosen,
der mit einem
goldenen Seidenband
durchwoben ist, wird
mit weichen Blütchen
der Wilden Möhre
und des Mädesüß
umfaßt.*

Blumengirlande
*(links)
Die Girlande aus den
elegant
schwingenden Bögen
der Efeublätter und
farbenprächtiger
Blüten wird durch die
sanft hängenden
Farnwedel
abgeschlossen.*

～ Farben ～

Farben, die Sie in Ihren Blumenbildern verwenden, sind ein wichtiger Teil Ihrer Komposition; sie bestimmen den Gesamteindruck des Entwurfs. Leuchtende und kräftige Farben wie Rot und Gelb sind effektvoll und fallen sofort ins Auge; gedämpfte Pastelltöne wirken zart und weich, während die dunklen, tristeren Braun-, Grau- und Tiefgrünschattierungen einen Anflug von Dramatik oder Melancholie vermitteln.

Es hängt sehr stark von Ihrem Farbempfinden ab, ob ein Bild ausgewogen wirkt. Manche Menschen können an sich gut mit Farben umgehen, aber das Auge läßt sich in dieser Fähigkeit auch schulen. Grundkenntnisse der Farbenlehre sind besonders für diejenigen interessant, die sich noch unsicher im Umgang mit Farben fühlen.

Die Farbenlehre

Die Farben des Spektrums von Rot bis Violett kann man in einem Kreis darstellen, in dem jede Farbe in die nächste übergeht. Dieser Farbkreis ist hier mit einer Auswahl gepreßter Blumen gebildet worden.

Die drei Primärfarben – Rot, Gelb und Blau – sind die kräftigsten Farben des Spektrums, und Sie sollten sie mit Vorsicht einsetzen, da sie ein Bild leicht beherrschen und erdrükken können. Die drei Sekundärfarben – Orange, Grün und

Der Farbkreis *(rechts)*
In diesem Farbkreis aus gepreßten Blumen finden Sie alle Farben des Spektrums. Die drei Primärfarben Rot, Gelb und Blau und die drei Sekundärfarben Orange, Grün und Violett können miteinander zu komplementären oder kontrastierenden Farbzusammenstellungen kombiniert werden.

Grün
Sekundär

Gelb
Primär

Blau
Primär

Lila
Sekundär

Rot
Primär

Orange
Sekundär (unten Mitte)

Violett – werden durch Mischen der Primärfarben erzielt. Sie sind sanfter und können leichter gemischt und aufeinander abgestimmt werden.

Harmonie und Kontrast

Zur Herstellung eines harmonischen Bildes können Sie Farben benutzen, die im Farbkreis aneinandergrenzen, oder Sie verwenden verschiedene Töne einer einzigen Farbe. Gedämpfte Farben harmonieren besser miteinander als kräftige Farben, bei denen eher ein harter Eindruck entstehen kann. Sanfte Blau-, Violett- und Grüntöne sind einfacher aufeinander abzustimmen als die warmen Farben, und sie wirken sehr ruhig.

Einen Kontrasteffekt erzielen Sie durch die Kombination von Farben, die sich im Farbkreis direkt gegenüber liegen, etwa ein warmes Rot mit einem kühlen Grün. Damit können Sie einen dramatischen Eindruck schaffen: So kann ein Hintergrund aus prächtig grünem Moos das kräftige Rot einer Rose noch betonen und verstärken. Ein Muster innerhalb Ihres Entwurfs erreichen Sie durch die Wiederholung kontrastierender Farben. Darüber hinaus können Sie auch zwei Komplementärfarben, wie Violett und Gelb, als Farbschema in Ihrem Bild verwenden und mit einer Vielzahl von Schattierungen dieser Farben Ihr Muster entwickeln.

Wenn Sie eine gewisse Sicherheit im Umgang mit Farben gewonnen haben, dann sollten Sie versuchen, mit ungewöhnlichen Kombinationen zu experimentieren und so Ihren eigenen, charakteristischen Stil ausbauen.

Das Farbband (unten)
In jedem Farbabschnitt gibt es unzählige Farbtöne und -schattierungen, wie in dem unten abgebildeten Farbband deutlich zu sehen ist. Die Skala der roten Farbtöne reicht von der lila-schwarzen Primel und den Blütenköpfen der Skabiose bis zu den blassen, altrosafarbenen Sterndoldenblüten.

Farbe & Stimmung

In meinen Collagen kommt meine ganze Liebe zu Blumen mit ihren differenzierten Farben und mit den unterschiedlichen Stimmungen, die sie hervorrufen können, zur Geltung. Wenn Blumen gepreßt werden, können sich ihre Farben drastisch ändern und intensiver oder weicher und gedämpfter werden. Sie sollten, wenn Sie mit Ihrer Collage eine bestimmte Atmosphäre oder Stimmung schaffen wollen, Ihre Farben sorgfältig kombinieren und darauf achten, welche Farbe in der Collage dominieren soll und welche Sie als Hintergrund verwenden möchten.

Wie man Stimmungen schafft

Farben können kräftig leuchtend sein oder eine warme und sanfte Stimmung erzeugen. So lassen sich das majestätische Rot Alter Rosen, das satte Rosa von Astilbe und Ehrenpreis sowie die kräftigen Grüntöne verschiedener Moose und Farne miteinander zu einem heiteren, entspannten Bild kombinieren, dessen Stimmung durch einen warmen roten oder rosafarbenen Hintergrund noch intensiviert werden kann.

Für ein Bild mit einer eher beruhigenden und stillen Atmosphäre nehmen Sie am besten Blumen in gedämpften Farben, wie Fingerkraut, Hortensie und Holunderblüten in Weiß, Rosa, Creme und Gelb. Möchten Sie einem solchen Arrangement einen kühleren Ausdruck geben, brauchen Sie dieselben Pflanzen nur mit frischen, grünen Farnwedeln kontrastreich zu kombinieren.

Ein lebhaftes Bild erreichen Sie durch kontraststarke Farben, etwa Gelb und Lila, die Sie mit aufregenden Extras, wie Glitter und Pailletten oder Gold- und Silberfarbe, versehen. Mit leuchtenden Orange-, Gelb- und Rottönen, etwa Montbretie, Fingerkraut und Rosen, entsteht ein sonniges, fröhliches Bild.

Durch den Gebrauch sanfter Farben, wie Creme, Rosa und Hellblau, können Sie eine verträumte, romantische Atmosphäre schaffen. Wiesenkerbel, Zweige des Mädesüß, Hortensienblüten und zarte Kußröschen eignen sich dazu besonders; als Krönung fügen Sie noch gekräuselte Spitze und Seidenbänder hinzu.

Experimentieren Sie ruhig mit verschiedenen Farbkombinationen, die zu Ihrer Stimmung passen. Es gibt wirklich keine festen Regeln; verlassen Sie sich auf Ihren Geschmack.

Collage in Rot
(rechts)
Die kräftigen Rot-
und Grüntöne dieser
Komposition werden
durch den üppigen
Hintergrund aus
rotem, antikem
Brokat noch
verstärkt und wirken
warm und prächtig.

Magische Wildnis
(rechts)
Die Farben Platin,
Pechschwarz und
Violett stehen in
starkem Gegensatz
zu den rosa- und
purpurfarbenen
Blüten; das verleiht
dem Bild eine
melancholische und
zarte Stimmung.

Wechselnde Farben

Gepreßte Blumen sind oft farbintensiver als frische Blumen und besitzen dazu einen Hauch von Luxus, wie etwa die wunderschön samtigen, purpurfarbenen Alten Rosen. Trotzdem kann es manchmal Freude bereiten, diese Farben zu verändern oder sogar zu verstärken, um noch verblüffendere und beeindruckendere Blumenbilder herzustellen.

Ich hatte viel Spaß bei der Anfertigung des Bildes auf der gegenüberliegenden Seite. Mit Ausnahme der weißen Immortellen wurden alle darin verarbeiteten Pflanzen mit verschiedenen Farben besprüht – Gelb, Rot, Schwarz, Grün, Silber und Gold.

Das kräftige Rot und Gelb der Rosen, Anemonen und Hortensien läßt das reine Weiß der Immortellen mit ihren sonnengelben Blütenböden deutlich hervortreten, während die eindrucksvollen schwarzen Spitzen von Liebstöckel und Gilbweiderich effektvolle Akzente setzen. Das Moos habe ich mit einem kräftigen Grün, den Rosa Wiesenkerbel mit einem noch intensiveren Rosa und den Korb aus Moos mit Goldfarbe besprüht.

Gilbweiderich

Vor und nach der Einfärbung

Holunder

Liebstöckel

Anemone

Wilde Möhre

skelettierte Blätter

Edwardianischer Korb
Durch die Verwendung von Sprühfarben hat
dieser einfache Korb mit Sommerblumen ein
verschwenderisches und prunkvolles Aussehen
angenommen.

~ Der Gebrauch von Lavur ~

Es macht mir viel Spaß, mit Lavuren zu experimentieren, weil man den Eindruck und die Aussage eines Bildes auf diese Weise völlig verändern kann. Pastellfarbene Lavuren mildern einen kalten weißen Hintergrund; so verwende ich häufig einen blaßrosa Ton als Hintergrund für liebliche Alte Rosen.

Farben von wesentlich größerer Intensität können ebenfalls als Hintergrundlavuren genutzt und anschließend mit skelettierten Blättern bedeckt werden. Auffallende und kräftige Lavuren werden durch aufgelegte, feine Filigranmuster weicher und unaufdringlicher. Rot-, Lila-, Nachtblau- und Grüntöne, ein grelles, leuchtendes Gelb oder Orange und ein knalliges Pink, sie alle können sehr effektvoll wirken! Eine wirklich dramatische und pompöse Collage erhalten Sie, wenn Sie den in kräftigen Farben lavierten Hintergrund unbedeckt lassen, das Ganze jedoch mit aufregenden Pflanzen ausbalancieren. Häufig sehen gerade die scheinbar unmöglichsten Farbkombinationen am besten aus.

Das Auftragen einer Lavur

Es ist sinnvoll, erst einmal mit den Farben zu experimentieren, bevor man die Lavur aufträgt, damit sie später nicht zu intensiv oder zu blaß wirkt. Zunächst feuchten Sie das Papier an, indem Sie mit einem dicken Pinsel oder einem Schwamm Wasser darüber streichen. Das erleichtert das Auftragen der Lavur. Mischen Sie dann in einer Untertasse etwas Aquarellfarbe mit reichlich Wasser, tauchen den Pinsel in die Farbmischung und streichen von links nach rechts über den oberen Teil des Papiers und dann wieder zurück. Wiederholen Sie den Vorgang Schritt für Schritt nach unten hin, bis das Papier ganz bedeckt ist. Den Effekt einer Farbabstufung erreicht man durch eine kontinuierliche Verdünnung der Farbe in der Untertasse mit Wasser, wodurch der Farbton immer heller wird. Ziehen Sie den Pinsel ruhig und gleichmäßig über das Papier, damit die Farbe eindringen kann.

Wenn Sie kräftigere Farben benutzen, mischen Sie sie mit Chinaweiß und wenig Wasser, besonders wenn die Lavur mit skelettierten Blättern bedeckt werden soll. Das verleiht ihr Tiefe und Deckfähigkeit.

Ein dramatischer Effekt
(rechts)
Die Hintergrundfarben Dunkellila, Blau und Rosa wiederholen die Farbschattierungen der Anemonenblüten und ergeben mit ihnen eine prachtvolle Collage im Stil eines »persischen Teppichs«.

flacher Aquarellpinsel

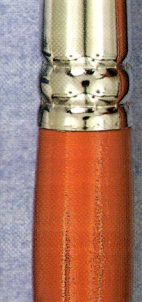

runder Aquarellpinsel

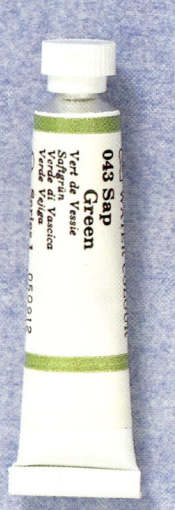

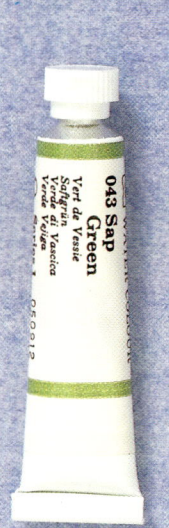

Aquarellfarben

Schwamm

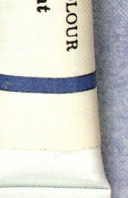

~ Strukturen ~

Weich

Es gibt eine Fülle weichen Pflanzenmaterials, das Sie in Ihren Blumenbildern verwenden können, angefangen bei den samtigen Rosenblüten und den glatten Efeublättern bis hin zu den winzigen, zierlichen Hortensienblüten. Die weich beschaffenen Blüten und Blätter stehen in reizvollem Kontrast zum gröberen und rustikaleren Pflanzenmaterial, das Sie auf der gegenüberliegenden Seite sehen. Versuchen Sie einmal, seidige Rosenblüten mit Moosbüscheln und Flechten zu umgeben, das verleiht einem Bild Tiefe und Ausdruck.

Die großen, zarten Blütenköpfe geöffneter Anemonen und Rosen lassen sich sehr gut als Blickfang Ihrer Collage verwenden. Sie geben die Farbzusammenstellung vor, anhand derer die weitere Collage entworfen wird. Beim Pressen des zarten und weichen Pflanzenmaterials muß man sehr vorsichtig sein, da es das Auge des Betrachters anziehen soll. Kleinere Blumen, wie die Blütchen der Hortensie und der Schafgarbe, lassen sich als subtile Akzentgebung nutzen, da sie die harten Ränder größerer Blüten mildern oder auch ein dominierendes Element noch intensiver betonen können. Auch kleine Zweige vermögen dem Gesamteindruck den letzten dekorativen Schliff zu geben.

Vergißmeinnicht

Fingerkraut

Wilder Wein

Deutzie

Clematis

Kirschblüte

Schwarzer Streifenfarn

Primel

Japanische Anemone

Mondviole

Wiesenschaumkraut

»De Caen« Anemone

Efeu

Hortensie

Storchschnabel

Schafgarbe

Alte Rose

Mannstreu

Erlenkätzchen

Eisenhut

Wiesenhafer

Grob

Bei der Komposition meiner Blumenbilder spielen Pflanzen mit grober Struktur eine sehr wichtige Rolle. Sie bewirken den Eindruck der Dreidimensionalität, werfen Schatten und schaffen Tiefe und Ausdruck. Verwenden Sie aber nicht zu viele grobe Stücke in einem Bild, da diese leicht übermächtig werden. Man sollte sie deshalb mit zarten Blüten und Blättern mischen.

Pflanzenmaterial, das Sie verwenden können, findet man in allen Formen und Größen und mit unterschiedlich groben Strukturen. Sie können lange und spröde Disteln sowie Gräser ebenso nutzen wie die knotigen Zweige der Salweide und der Zaubernuß, die schwer beladenen Dolden von Erlenkätzchen und Hagebutte sowie die elastischen Moosbüschel und die herrlich pummeligen Flechten. Selbst gepreßte Erdbeeren, grüne Loganbeeren, Himbeeren, schwarze Johannisbeeren und Brombeeren sind sehr wirkungsvoll, da sie sowohl für interessante Farbeffekte als auch für eine ungewöhnliche Textur sorgen.

Es empfiehlt sich, eine Anzahl grober Pflanzen in relativ neutralen Farben vorrätig zu haben. Dunkelbraune Erlenkätzchen, kräftig grünes Moos und das hübsche rötliche Zittergras können in jedem Entwurf zur Betonung der Struktur verwendet werden, ohne die Farbzusammenstellung zu beeinflussen.

Flockenblume

Rosen

Zaubernuß

Hagebutten

Hopfen

Kleines Zittergras

Brombeere

Moos

Efeufrüchte

Borke

Flechte

Salweide

Fedrig

Fedriges Pflanzenmaterial vermag eine neutralisierende Wirkung zu erzeugen, da es ein Gleichgewicht zwischen stark strukturierten, groben Elementen und farbenfrohen Blüten herstellt, aber auch reizvoll zu stachligen Pflanzen kontrastiert.

Sie können kleine Zweige des Schleierkrauts und des Wiesen-Frauenmantels rund um große, farbenprächtige Blumen arrangieren, um deren Wirkung zu mildern und vielleicht einen etwas zu schrillen Eindruck zu korrigieren. Die winzigen braunen Blütenköpfe der Großen Hainsimse sorgen als Umrahmung kühner Formen für eine hübsche Spitzenborte, während die blassen, cremefarbenen Dolden der Wilden Möhre und des Wiesenkerbels einen zu strengen Rahmen auflockern können.

Mit den sanften, spitz zulaufenden Blättern von Aniskerbel und Spargelkraut lassen sich harte Formen und Kanten verschleiern und verwischen; unauffällig verändern sie die Farben und fügen dem Blumenbild einen beruhigenden Aspekt hinzu. Mit dem flockigen Flaum der Waldrebe und den weichen Blütenköpfen der Astilbe verleihen Sie Ihrem Blumenbild markante Blickpunkte, die den Betrachter gar zum Berühren anregen.

Da die Farben von fedrigen Zweigen und Blüten eher blaß und neutral sind, wirken sie zusätzlich beruhigend. Das helle Grün des Schierlings-Wasserfenchels und des Wiesen-Frauenmantels, die zartgelbe Wilde Möhre, die Holunderblüten und die weichen, weißen Blüten des Schleierkrauts können zumeist großzügig verwendet werden, ohne daß sie das Farbschema der Komposition ihrerseits beeinflussen.

Waldrebe

Holunder

Möhrenblüte

Schierlings-
Wasserfenchel

Schleierkraut

Wiesen-Frauenmantel

Rosa Wiesenkerbel

Wilde Möhre

Mädesüß

Rosa Mädesüß

Lauch

Aniskerbel

Große
Hainsimse

Astilbe

Spargelkraut

Sterndolde

Salbei

Hortensien-
stengel

Spitz

Spitz zulaufendes Pflanzenmaterial sorgt für eine architektoni-
sche Komponente in Ihrem Blumenbild und kann ihm auch
gesteigerte Lebendigkeit verleihen. So wirken die langen, auf-
rechten Stengel des Schmalblättrigen Weidenröschens, des Neu-
seeländer-Flachs und des Wiesenknopfs sehr effektvoll, wenn
man sie als Kontrast zu den Strukturen der kleinen, weichen
Blüten und der zarten, fedrigen Blätter und Blumen einsetzt, die
Sie auf der gegenüberliegenden Seite sehen.

Derartige Pflanzen gibt es in vielen interessanten Formen,
angefangen von den langen, spitz zulaufenden Halmen des
Ehrenpreis und des Gilbweiderichs bis zu den sternförmigen
Blütenständen der Wilden Möhre. Darüber hinaus eignen sich
auch die scharf gezackten Ahornblätter, die spiralförmige Korkenzieherbinse, die stachligen Hortensienstielchen und die spitz
zulaufenden Blütenblätter der Sterndolde dazu, Ihrem Bild einen
besonderen Reiz zu geben.

Pflanzen mit spitzen Formen sind häufig von intensiver Färbung, beispielsweise die schöne pink-rote Russische Statize, mit
der Sie Ihrem Blumenbild einen effektvollen Mittelpunkt geben.

Wenn Sie Ihr Blumenbild mit langen, vertikalen Elementen
versehen wollen, müssen Sie beim Arrangement der geraden
Stengel und spitzblättrigen Blüten sehr vorsichtig sein. Es ist
hilfreich, wenn Sie sich dafür eine Sommerrabatte in Ihrem
Garten anschauen, vielleicht kann Ihnen das Wechselspiel von
vertikal und horizontal wachsenden Pflanzen Anregungen geben.

Beifuß

Gilbweiderich

Astilbe

Ahorn

Korkenzieher-
binse

Wegerich

Japanische
Zeder

Neuseeländer-
Flachs

Russische
Statize

Stranddistel

Ehrenpreis

Skabiose

Kapkörbchen

Schmalblättriges
Weidenröschen

~ Andere Materialien ~

Im Laufe der Jahre habe ich wie eine Elster eine Unmenge an Perlen, Spitzenbesatz, Bändern, Muscheln, bunten Kieseln, Pailletten, Seiden- und Satinfäden, Halbedelsteinen, Knöpfen, Fossilien und anderen interessanten Kleinigkeiten angehäuft. Wenn Sie gerne sticken oder nähen, können Sie Reststücke verwenden; sonst versuchen Sie es doch einmal mit gefundenen Nippessachen.

Diese Materialien, die alle für mehr Lebendigkeit, Glitzereffekt und Spaß sorgen, lassen sich phantasievoll in Ihren Blumenbildern einsetzen. So können Sie zum Beispiel Pailletten oder Perlen in die Blütenmitte kleben oder feine Seidenbändchen durch Biedermeiersträußchen und Kränze weben. Aus Seidenfäden, Pailletten und Perlen lassen sich sogar Schmetterlinge und Nachtfalter basteln, die für Überraschungseffekte sorgen. Kleine Muscheln passen sehr gut zwischen Moose und Flechten; Fossilien und ungewöhnliche Kiesel lassen sich zur Basis Ihres Bildes arrangieren, und zwischen das Laub können Sie Glitter streuen. Darüber hinaus eignen sich Sämlinge und Gewürze als Rahmenarrangement oder als interessante Garnierung in losen Gruppen. Die Möglichkeiten sind vielfältig und werden nur von Ihrer Phantasie begrenzt.

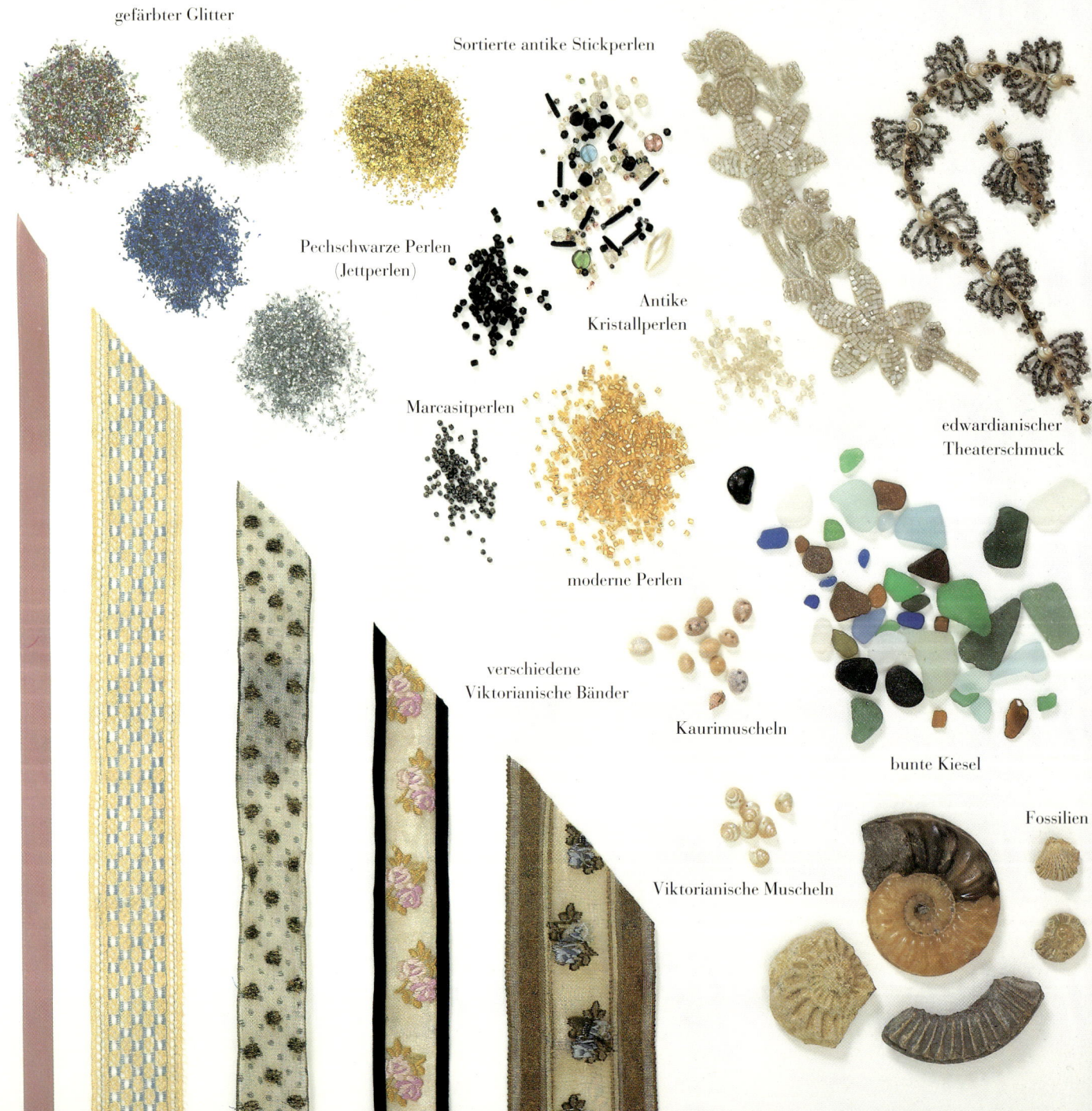

gefärbter Glitter

Sortierte antike Stickperlen

Pechschwarze Perlen (Jettperlen)

Antike Kristallperlen

Marcasitperlen

edwardianischer Theaterschmuck

moderne Perlen

verschiedene Viktorianische Bänder

Kaurimuscheln

bunte Kiesel

Viktorianische Muscheln

Fossilien

Ideen mit
Blumen

Dieser Abschnitt präsentiert viele Ideen für Arbeiten
aus gepreßten Blumen und anderen Pflanzen-
materialien. Für jeden Geschmack und für jede
Stimmung läßt sich Anregung finden, angefangen
mit dem Bild eines üppigen Wildgartens über romantische Sommerkränze, fröhliche Küchenposter bis
hin zu kleinen Duftbeuteln aus Spitze. Sobald Sie
Übung und Ideen haben, können Sie mit eigenen
Entwürfen und Einfällen experimentieren.

Wilder Garten

Bilder wie der ›Wilde Garten‹ auf der nächsten Seite sind mir die liebsten. Sie zeugen von meiner generellen Vorliebe für Blumen und Gartenarbeit und sind ein Spiegelbild meines eigenen Gartens. Sie zeigen meine Blumenrabatte, wie ich sie gerne gestalten würde, weil jede Pflanze genau dort ist, wo ich sie haben will, dabei wäre jede Ecke und jeder Winkel so ausgefüllt, daß kein Stück bloße Erde dazwischen sichtbar würde. Die Wirkung ist prächtig, üppig und ein wenig geheimnisvoll.

Diese Collagen bereiten viel Spaß, ob man sie nun anfertigt oder nur betrachtet. Beschränken Sie Ihre Phantasie nicht nur auf den Garten: entfernen Sie statt dessen den Vorhang aus Laub und aquarellieren Sie einen blauen Himmel – so entsteht ein Wiesenbild. Auch Bilder von Hecken und sogar von Mooren und Sümpfen lassen sich auf diese Weise komponieren. Ein Hintergrund aus skelettierten Blättern kann für Schatten sorgen, Moose und Flechten bringen Pracht und Textur in ein Bild, während eine Vielzahl verschiedener Blumen eine faszinierende Wirkung hervorruft. Gestalten Sie die untere Bildhälfte dunkel und üppig, und fügen Sie darüber Blumen, Knospen und Blätter hinzu, die in einen sanften Horizont aus Ähren und Blüten übergehen.

Bestandteile des »Wilden Gartens«

- Sterndolde
- Stranddistel
- Fuchsie
- Korkenzieherbinse
- Mannstreu
- Brombeere
- Rosa Wiesenkerbel
- Astilbe
- Alte Rose

Weitere Bestandteile

Schleierkraut	Moos
Deutzie	Fingerkraut
Hortensie	Wilde Möhre
Flechte	skelettierte Blätter

Wie man einen »Wilden Garten« anfertigt

1 Für den Untergrund schneiden Sie ein Stück Karton auf das gewünschte Maß zu und streichen eine dünne Schicht Klebstoff darüber. Danach kleben Sie skelettierte Blätter auf den Karton, wobei Sie am oberen Rand beginnen und sich allmählich nach unten vorarbeiten.

2 Moose und Farne werden leicht in Klebstoff getaucht und dann an die gewünschte Stelle geklebt. Halten Sie jeden Blütenzweig mit einer Pinzette, und tupfen Sie mit einem Zahnstocher Klebstoff auf das untere Drittel des Stiels. Danach plazieren Sie die Zweige.

3 Zur Verdichtung der Collage nehmen Sie jeden Blütenkopf mit der Pinzette, tupfen ein wenig Klebstoff in dessen Mitte und kleben ihn auf das Bild. Arrangieren Sie kleine Blumen in Gruppen und größere als Horizont. Verzieren Sie das Moos mit kleinen Blumenzweigen.

4 Bringen Sie rund um die größeren Blumen zarte Blümchen an. Stecken Sie lange, dünne Zweige mit ihren Enden ins Moos. Füllen Sie alle Lücken zwischen den Blumen mit Moos. Beschneiden Sie mit der Schere die Unterkante des Bildes und kleben es auf eine Unterlage.

Wilder Garten
*Das kräftig grüne Moos verstärkt die klaren Rot- und Gelbtöne
der Blumen und schafft so Tiefe und Stimmung.*

Pflanzentagebuch

Ein Pflanzentagebuch ist ein Vorhaben, an dem man das ganze Jahr hindurch arbeiten kann. Als anschaulicher Jahresbericht kann es Monat für Monat die wechselnden Jahreszeiten darstellen und Sie vielleicht an einen sonnigen Tag im Januar erinnern, an Sommerferien an der See, den Besuch bei Freunden oder an den Wonnemonat Mai.

Der Januar erscheint Ihnen vielleicht nicht gerade als die beste Zeit, um mit einem Pflanzentagebuch zu beginnen, da winterliche Gärten sehr kahl wirken. Aber man findet frühe Schneeglöckchen, Schwertlilienblätter, Blaustern, Christrosen und eine Menge interessanter Blätter, die es lohnen, gesammelt und gepreßt zu werden. So früh im Jahr haben Sie auch noch genug Zeit, Ihr Pflanzentagebuch vorzubereiten.

Auswahl der Blumen

Im März und April wird es eine größere Zahl von Blumen geben, die man pressen kann, da zu dieser Zeit Narzissen, Schlüsselblumen, Sumpfdotterblumen und Nieswurz hervorkommen. Die verschwenderischen Sommertage werden Rosen, Rittersporn und Mädesüß und eine Unzahl farbenfroher Blumen zum Vorschein bringen, mit denen Sie die Seiten Ihres Tagebuchs zum Bersten füllen können. Wenn im September und Oktober die große Blumenpracht verschwunden ist, werden Sie mit den orangen und braunen Herbstfarben von Wiesenknopf und Jakobs-Greiskraut, Hagebutten und Beeren entschädigt.

Vielleicht möchten Sie die Blumen in Ihrem Pflanzentagebuch beschriften, ein oder zwei Worte über den Fundort hinzufügen oder etwas über das jeweilige Wetter schreiben. Auf diese Weise könnte es für Sie noch interessanter werden, am Ende des Jahres Ihr Tagebuch durchzublättern und auf das Jahr zurückzublicken.

Nützliches Zubehör

Untertasse mit Kautschukkleber

Zahnstocher

Schere

Pinzette

sehr feine Faserschreiber

Blumen

Februar

Februar

Ein prachtvolles Blumenalbum
*Dieses Pflanzentagebuch, aufgeschlagen im Monat Januar, dient als
Protokoll der wechselnden Jahreszeiten. Die Seiten für Februar (unten
links) und Juni (unten) sind bereits fertig und können eingelegt werden.*

~ Blumenmustertuch ~

Stickmustertücher haben ihren besonderen Reiz. Auf Leinen in einer Vielzahl von Stichen, Mustern und Techniken gearbeitet, sind sie einer eingehenden Betrachtung wert. Denn der hausbakkene Charme solcher Tücher scheint uns Einblick in eine Vergangenheit zu gewähren, in der die Zeit nicht von entscheidender Bedeutung war, und junge Mädchen (und gelegentlich auch Jungen) geduldig und gewissenhaft über ihren Stickarbeiten saßen.

Ein klassisches Muster

Meine Blumenmustertücher beruhen auf den Vorbildern traditioneller Sticktücher und folgen einem konventionellen und symmetrischen Entwurf. Sie können als Unterlage Leinen oder feine, ungebleichte Baumwolle benutzen und das Muster mit kleinen Blumen und Blättern aufbauen. Zarte Rosenknospen, Blütchen vom Wiesenkerbel und zierliches Vergißmeinnicht sehen auf einem Blumenmustertuch zauberhaft aus. Wählen Sie keine zu großen Blumen oder schreiende und knallige Farben, die zu dominant sein können und den Gesamteindruck eher beeinträchtigen.

Für dieses Mustertuch habe ich eine Borte aus einzelnen Reiskörnern gemacht; die so entstandene Struktur ähnelt einem Steppstich. Die verwendeten Blumen und Blätter sind in gedeckten Farben gehalten und erinnern an altes, verblichenes Stickgarn. Ich habe das Tuch mit handgeklöppelter Spitze umrahmt, um den nostalgischen Eindruck zu unterstreichen.

Blumen und Blätter lassen sich in beliebigen Mustern arrangieren. Zu eigenen Erprobungen können Sie Ihre Blumen mit Samen, Muscheln, Perlen und sogar Bändern kombinieren, und jedes Mustertuch wird so seinen eigenen Reiz erhalten.

Schlichtes Blumenmustertuch
Die gedämpften Rosa-, Creme- und
Grüntöne ergeben auf dem neutralen,
leinenen Untergrund ein warmes,
harmonisches Bild.

Pflanzen auf dem Blumenmustertuch

Wilder Wein

Wilde Möhre

Rosa Wiesenkerbel

Reiskörner

Skabiose

Schierlings-
Wasserfenchel

Samenkapseln
des Bergahorn

Vergißmeinnicht

Salbei-Gamander

Rosenknospen

Sterndolde

Sommerkränze

Ophelia aus Shakespeares ›Hamlet‹ mit ihren phantastischen Gebinden »von Hahnfuß, Nesseln, Maßlieb, Kuckucksblumen« ist meine erste Assoziation, wenn von Kränzen die Rede ist. Ich denke weiterhin an Schmuck und Kronen aus Kränzen, an »Gebinde der Imagination« und an die Girlanden und Kränze, die ich gesehen und von denen ich gelesen habe, auf Gemälden und Stickarbeiten, in der Folklore, auf Porzellan und auf verzierten Möbeln. Überall finden sich Anregungen für Kränze aus gepreßten Blumen. Sie können schlicht oder prächtig sein, mit Borten romantisch umflochten oder mit Bändern geschmückt. und auf mattem Hintergrund können sie sogar zu glitzerndernden Prunkstücken werden.

Blumenarrangements

Alle gepreßten Blumen eignen sich für Kränze. Verwenden Sie Blätter und Moose zur Tiefenwirkung und lange, dünne Gräser, Knospen und Zweige zur Umrahmung Ihres Kranzes. Versuchen Sie auch einmal ungewöhnliche Kombinationen: Liebstöckel und Große Hainsimse als Spitzenbesatz, zarte Wiesenkerbelblütchen auf Moos, die lieblichen grünen Dolden des Schierlings-Wasserfenchels, gemischt mit den leuchtend gelben und orangefarbenen Blüten des Fingerkrauts. Die kleinen, pummeligen Knospen des Perlpfötchens wirken wunderhübsch, wenn man sie auf Moos und Flechten verstreut. Sie können die Blüten, Knospen und Blätter der zierlichen Kußröschen über das ganze Bild verteilen oder kleine Blütenkringel fertigen, um Karten individuell zu verzieren. Geben Sie Ihren Kränzen mit dünnen Bändern und Seidenschleifen einen Hauch von Romantik.

Karte mit kleinem Kranz
Ein kleiner Kranz aus Moos ist mit zarten Sommerblumen verziert.

Bestandteile des Sommerkranzes

Große Hainsimse

Schierlings-Wasserfenchel

Fingerkraut

Sterndolde

Wiesenkerbel

Schleierkraut

Wilde Möhre

Skabiose

Kußröschen

Moos

skelettierte Blätter

Weitere Bestandteile

Hortensie
Meisterwurz
Perlpfötchen
Band
Liebstöckel
Bach-Nelkenwurz
Wilde Möhre

Ein Hauch von Romantik
Die leuchtenden Blumen dieses Kranzes werden von
den Rüschen aus Wiesenkerbel und einer Schleppe aus
Großer Hainsimse gedämpft.

～ Hochzeitsstrauß ～

Was tun Sie mit dem Brautstrauß, den sie auf einer Hochzeit fangen? Wickeln Sie ihn in Seidenpapier und lassen ihn anschließend in einer Kiste auf dem Dachboden verstauben? Es wäre viel romantischer und das ideale Andenken an einen glücklichen Tag, wenn Sie den Brautstrauß in ein Hochzeitsstrauß-Bild verwandeln würden.

Das Bild auf der gegenüberliegenden Seite wurde aus den Blumen eines sehr üppigen Brautstraußes hergestellt: sie reichten sogar noch zu einem Rahmen. Ich wollte ein Bild schaffen, das die romantische Atmosphäre einer Hochzeit wiedergibt. Daher habe ich eine blaßrosa Lavur als Hintergrund gewählt und das Ganze mit einer Borte aus antiker Spitze umgeben – besonders schön wäre der Spitzenbesatz des Brautkleids. Vielleicht können Sie auch den Stoff des Brautkleids als Hintergrund nehmen. Um das Bild lebendiger zu gestalten, habe ich ein paar Blumen der Saison hinzugefügt, die zum Thema paßten: zartes Vergißmeinnicht, Veilchen aus meinem Garten und kleine zitronengelbe Blüten der Gelbdolde, die zu dieser Zeit in unserer Hecke blühte.

Das Pressen eines Straußes

Ist ein Brautstrauß schon leicht angewelkt, wird man ihm etwas Auffrischung geben müssen. Nehmen Sie also den Strauß auseinander, und legen Sie die Blumen in eine Plastiktüte. Diese Tüte sollte für ungefähr eine Stunde in den Kühlschrank, bevor Sie mit dem Pressen beginnen können. Es empfiehlt sich, die Blumen so früh wie möglich zu pressen, um die wunderhübschen Farben zu erhalten.

Wenn Sie Pflanzen erstmalig pressen, werden Sie über das Ergebnis staunen. Als ich das Hochzeitsstrauß-Bild anfertigte, war ich verblüfft und erfreut über das farbliche Resultat. Lassen Sie sich also überraschen!

Weitere Bestandteile

Lauch
Hundsveilchen
Erika
Hyazinthe
Spitze
Statize

*Bestandteile
des Hochzeitsstraußes*

Rosen

Nieswurz

Schleierkraut

Mandel-
bäumchen

Gelbdolden

Rittersporn

Gefleckter Efeu

Vergißmeinnicht

Farn

Ein romantisches Andenken
Diese erlesenen gepreßten Blumen eines
Hochzeitsstraußes sind vor einem blaßrosa
Hintergrund arrangiert und mit feiner Spitze
umgeben.

Blumenkorb

Hier sehen Sie meinen Vorschlag zu einem moosgepolsterten »Korb«, aus dem gepreßte Blumen, Moose, Flechten und skelettierte Blätter hervorquellen. Sie können alle Pflanzen, die Sie während der vier Jahreszeiten gesammelt haben, miteinander kombinieren, kleine Blütenähren des Wegerichs und des Ampfers, Rispen der wilden Clematis und des Kreuzkrauts, Ringelblumen, Butterblumen, Sterndolden und Nelkenwurz, einfach jede Pflanze, die Sie aus der gebotenen Fülle wählen möchten.

Anregungen

In der Collage auf der gegenüberliegenden Seite überwiegt Orange, aber auch andere Kombinationen werden hübsch aussehen und ein Bild ländlicher Fülle vermitteln. Eine Schale mit Juniblumen, ein prachtvolles Stilleben mit Blumen und Früchten, ein Strauß aus Ihrem eigenen Garten – das alles könnte Ihnen zur Gestaltung eines Korbes Anregungen liefern. Versuchen Sie Ungewöhnliches miteinander zu kombinieren – einen sich entfaltenden Farnwedel mit einem jungen, noch grünen Samenkopf oder Hafer mit wilder Clematis. Achten Sie darauf, daß die Pflanzen nicht zu plump wirken. Wenn ein Stengel zu dick ist, beschneiden Sie ihn, und stutzen Sie einen Farnwedel so, daß das Auge später auf das faszinierende Ammonshorn fällt und nicht auf den struppigen Stiel! Am besten beginnt man mit einem Grundriß aus kräftigen, aufrechtwachsenden Pflanzen und füllt die Lücken dann mit kleineren Blumen.

Sie können den Farnkorb mit einer anderen Farbe übersprühen und ihn mit Flechten, überfließenden Blüten oder einem Schneckenhaus schmücken. Lassen Sie sich durch altmodische Weidenkörbe inspirieren! Wenn Sie Ihr Bild von Ferne betrachten, läßt sich der Gesamteindruck leichter überprüfen; denken Sie daran, daß das verwendete Material bequem in den Korb passen soll. Wenn Ihnen schreiende Farben auffallen, kleben Sie etwas darüber – kräftig grünes Moos kann Wunder wirken!

Bestandteile des Blumenkorbs

Sterndolde

Wiesenhafer

Fingerkraut

Kreuzkraut

Clematis

Montbretie

junger Farnwedel

Hortensie

Weitere Bestandteile

Farnkraut	Goldrute	Primel
Wiesenknopf	Wiesen-Frauenmantel	Mannstreu
Immortelle	Flechte	skelettierte Blätter
Farne	Moos	Wilde Möhre

WIE EIN BLUMENKORB ENTSTEHT

1 Schneiden Sie aus einem Stück Karton eine Korbform aus. Tunken Sie etwas Moos leicht in eine Untertasse mit Klebstoff und kleben es dann auf die Korbform auf. Pressen Sie dabei die Moosbüschel fest zusammen, so daß nachher kein Karton mehr sichtbar ist.

2 Schneiden Sie mehrere Farnwedel auf die Maße des Korbes zu. Tupfen Sie mit einem Zahnstocher Klebstoff auf jeden Wedel und kleben ihn mit Hilfe einer Pinzette auf das Moos. Wählen Sie anschließend die Blumen aus, die Sie verwenden wollen.

3 Kleben Sie den Korb auf eine Unterlage. Arrangieren und kleben Sie oberhalb des Korbes dann kräftiges und aufrechtes Pflanzenmaterial und füllen Sie die Lücken mit Gruppen von Blüten, langstieligen Farnwedeln, Moosen und Flechten.

Hochsommerkorb
Sowohl die farbliche Zusammenstellung von kräftigem Orange, Gelb, Braun und Grün wie auch die
überreichliche Komposition dieses Bildes vermitteln einen üppigen, hochsommerlichen Eindruck.

Grußkarten

Grußkarten sind eine einfach herzustellende und vielseitig verwendbare Bastelarbeit, bei der man seiner Phantasie freien Lauf lassen kann.

Eine Karte zur »Guten Besserung« mit einem Strauß aus vielen hübschen Blumen stellt eine nette Aufmerksamkeit dar. Als Geburtstags- oder Jubiläumskarte kann ein Blütenkranz eine Inschrift umrahmen. Auf festlichen Weihnachtskarten läßt sich mit Gold- und Silberfarbe oder Glitter experimentieren. Man sollte viel Zeit und Phantasie darauf verwenden, zum Valentinstag eine romantische Karte zu entwerfen; wählen Sie die hübscheste Spitze, die lieblichste Seide, und nehmen Sie sich Zeit für die Auswahl Ihrer wunderschönen Blumen. Eine handgefertigte Karte ist eine viel größere Überraschung als eine gekaufte.

Lesezeichen und Geschenkanhänger

Lesezeichen und Geschenkanhänger können auf ähnliche Art verziert werden wie die Grußkarten; sie sind nur entsprechend kleiner. Geschenkanhänger mit Blütenspitzen, schön geformten Blättern, zarten Blütchen oder kleinen, ungeöffneten Knospen können bezaubernd aussehen.

Sie sollten die Blumen auf schmalen Lesezeichen länglich anordnen, um die Proportion zu wahren. Zum Schluß stanzen Sie an der Unterkante der Karte ein Loch und ziehen ein Band hindurch.

WIE MAN EINE KARTE HERSTELLT

Schneiden Sie aus handgeschöpftem Papier ein Rechteck von ungefähr 18 × 12 cm, und falten Sie das Papier in der Mitte zusammen. Legen Sie danach ein Lineal auf das Papier, etwa in 2 mm Entfernung von der Falzkante. Mit der einen Hand halten Sie das Lineal fest an seinem Platz; mit der anderen Hand nehmen Sie ein Falzbein (oder einen geeigneten Ersatz) und fahren damit entlang der Kante des Lineals fest über das Papier, um die Falzkante zu glätten. Danach können Sie die Karte mit gepreßten Blumen und Blättern verzieren.

Lesezeichen und Geschenkanhänger (oben)
Diese dekorativen Lesezeichen und Geschenkanhänger waren sehr leicht herzustellen. Der einfachste Entwurf besteht aus dem Einzelexemplar einer Blume, die von einem schmalen Rand umgeben wird, während der etwas abstraktere Entwurf eine »zufällige« Collage aus Blumen und Blättern darstellt, die in rechteckige Formen geschnitten und anschließend auf Lesezeichen oder Anhänger geklebt wird.

Blumencollage *(unten)*
*Das farbenfrohe,
abstrakte Design besteht
aus Blüten, Blättern und
Moos.*

Festlicher Weihnachtskranz *(oben)*
*Dieses feine Gebinde aus Efeublättern,
Beeren und Tannenzweigen wird mit einem
leuchtend roten Band verziert*

Romantische Valentinskarte *(oben)*
*Ein Herz aus Knospen des Kußröschens
und gekräuselter Spitze wird von einer
hübschen Spitzenborte umrahmt.*

Karte mit Kranz *(oben)*
*Ein schlichtes, aber
eindrucksvolles Muster
ergibt sich aus zartem
Vergißmeinnicht,
Veilchen, Efeublättern
und Nelkenwurz.*

Küstencollage *(oben)*
*Ein interessantes Arrangement aus
Strandpflanzen, Muscheln und Algen sorgt
für eine ungewöhnliche Grußkarte.*

Beliebte Sommerblumen *(oben)*
*Kleine Sommerblumen werden auf einem
andersfarbigen Hintergrund zu einem Bukett
arrangiert.*

Küchenposter

Es gibt keinen Grund, ausschließlich Blumen und Blätter zu pressen. Warum versuchen Sie es nicht einmal mit Obst und Gemüsesorten? Beides behält auch nach dem Pressen seine leuchtend fröhlichen Farben und interessanten Strukturen. Ihnen steht eine Fülle von Material zur Verfügung, um zu experimentieren, und Sie können Bilder mit vielen Motiven und Mustern entwerfen.

Diese Küchenposter wurden aus einer Mischung traditioneller und exotischer Früchte und Gemüse angefertigt, die ich bei meinem Gemüsehändler gekauft habe. Ich hatte sehr viel Spaß bei ihrer Fertigung. Rot und Orange sind die dominanten Farben, sie tauchen als Möhrenscheiben, Kumquats, Peperoni und kleine rote Linsen auf. Diese Farben stehen in angenehmem Kontrast zu den dunkelgrünen Erdbeerblättern, Petersiliensprößlingen, den grünen Bohnen und Erbsen. Ungewöhnliche Strukturen wie bei den fedrigen Luzernensprößlingen und den knotigen Erbsen und Bohnen lassen das Ganze noch lebendiger wirken. Versuchen Sie auch, Teile anderer Früchte und Gemüse zu pressen, zum Beispiel Salatgurkenscheiben, jungen Zuckermais oder ganze Weintrauben. Sie können aber auch gepreßte Früchte mit Blumen kombinieren, um einen »Wildfruchtgarten« oder eine »Obstgartencollage« zu gestalten. Viel Spaß beim Ausprobieren!

Petersilie

rote und grüne Peperoni

Okra

Fenchel

Kumquat

grüne Erbsen

gelbe Erbsen

rote Linsen

Weitere Bestandteile

Luzernensprossen	Zuckererbsen
Möhren	Speisepilze
Fenchel	Rotkohl
grüne Bohnen	Rharbarber
Kiwi	Erdbeeren

Gemüsegarten (links)
Dieses Design aus leuchtend orangen Möhren, roten Peperoni, frischen grünen Erbsen und Petersilie wirkt auf dem blaßgelben Hintergrund sehr eindrucksvoll.

Eßbarer Wandschmuck (rechts)
Einzelne Früchte und Gemüse in einem Oval aus Luzernensprößlingen und Petersilie werden von einem weiteren Rahmen aus Linsen und Gemüsen umfaßt.

Sommerfries

Mein Sommerfries besteht aus einem prächtigen, sich wiederholenden Muster aus farbenfrohen Hochsommerblumen, Moosen und Flechten vor einem tiefblauen Himmel. Die großen purpurfarbenen Rosen, die das vorherrschende Motiv auf diesem Fries bilden, heben den wogenden Hintergrund aus hellen Fingerkrautblüten hervor. Die gerade Form von Rittersporn und Wiesenhafer ponderiert das Gleichgewicht in der Collage und betont das wiederkehrende Muster.

Für ein Fries brauchen Sie nicht allzu viele Blumen und Blätter; eine schlichte, schmale Borte kann genauso wirkungsvoll sein wie mein detailliertes Sommerfries. Ein wichtiger Bestandteil des Designs ist jedoch eine dominante Farbe, die in regelmäßigen Abständen wieder auftaucht und das Auge des Betrachters sofort auf das sich wiederholende Muster lenkt. Sie können dafür alle intensiv gefärbten Blumen, Blätter oder Samenköpfe verwenden und sie in einen wirkungsvollen Kontrast mit zartfarbenen Blumen setzen.

Friese wirken sehr hübsch als Wandschmuck oder über einem Kaminsims; man kann sie aber auch als interessante Zierleiste oder einfach als Blumenbild verwenden.

Wilde Möhre

Schneeball

Ehrenpreis

Wiesen-
Frauenmantel

Alte Rose

Rittersporn

Hortensie

Wiesenhafer

Fingerkraut

Schierlings-
Wasserfenchel

Flechten

Schleierkraut

Skabiose

Sterndolde

Moos

Fuchsie

skelettiertes Blatt

Farbenfrohe Sommerblumen
*Die Kombination verschiedener Blüten, Ähren, Moose und
Flechten, ihre kontrastierenden Farben, Strukturen und Formen
ergeben dieses eindrucksvolle und prächtige Fries.*

~ Die vier Jahreszeiten ~

In dieser Folge von vier ovalen Bildern habe ich versucht, die Atmosphäre der vier Jahreszeiten aufleben zu lassen und dafür Blumen und Blätter der jeweiligen Saison verwendet. Um das Thema noch vorteilhafter zur Geltung zu bringen, habe ich den Hintergrund des Frühlingsbildes in einem frischen, hellen Grün eingefärbt, den Sommer in einem Himmelblau und den Herbst in leuchtendem Orange; das Winterbild bleibt weiß.

Das Blumenjahr

Der Frühling ist die Zeit, in der die aufbrechenden Knospen zu herrlichen Blumen werden und neue Schößlinge und Blätter sprießen. Mein Frühlingsbild vermittelt dieses Gefühl der Frische mit leuchtend gelben Butterblumen, Narzissen und zarten Kirschblüten. Sprießende Farnwedel und frisch geöffnete Haselkätzchen verstärken diesen frühlingshaften Eindruck.

Eine Sommercollage läßt sich sehr leicht anfertigen, weil man eine große Auswahl an Pflanzen zur Verfügung hat. Alte Rosen, Fingerkraut, Nelkenwurz und Sterndolden schmücken die Mitte der Collage, zartrosa und blauer Rittersporn sorgen für mehr Tiefe und Ausgewogenheit.

Der Herbst ist die Zeit der »reifen Fruchtbarkeit«, wo prächtige Goldbraun-, Orange- und Gelbtöne vorherrschen. In meiner Herbstcollage sind leuchtende Fingerkrautblüten mit Samenköpfen und prächtigem braunen Federballfarn gemischt.

Wenn man Wälder, Hecken und den eigenen Garten intensiv absucht, findet man auch im Winter verblüffend viele Pflanzen. In meinem Winterbild schmiegen sich am unteren Rand des Ovals Schneeglöckchen zwischen Moose und Flechten, während Erlenkätzchen und Salweide den oberen Teil beherrschen. Die lieblichen Blüten der »De Caen« Anemone und gefleckter Efeu sorgen für angenehme, warme Farben.

Frühling
Die purpurfarbenen Nieswurzblüten verleihen den Grün- und Gelbtönen des Frühlingsbildes Lebendigkeit.

Sommer
Diese Sommercollage quillt über von farbenprächtigen Blumen.

Bestandteile der »Vier Jahreszeiten«

Frühling	*Sommer*	*Herbst*	*Winter*
Spierstrauch	Sterndolde	Sterndolde	Erlenkätzchen
Butterblume	Nelkenwurz	Glockenblume	Anemone
Korkenzieherbinse	Wiesenkerbel	Brombeere	Wiesenbärenklau
Narzisse	Schierlings-Wasserfenchel	Wiesenknopf	Efeu
Kirschblüte	Wiesen-Frauenmantel	Mädchenauge	Flechten
Schneeball	Rittersporn	Ampfer	Moos
Hirschzungenfarn	Kleines Zittergras	Wiesenbärenklau	Schneeglöckchen
Haselkätzchen	Flechte	Mondviole	skelettierte Blätter
Nieswurz	Mädesüß	Hopfen	Pilze
Flechten	Wiesenhafer	Efeu	Zaubernuß
Frauenhaarfarn	Moos	Mädesüß	Heilziest
Sumpfdotterblume	Alte Rosen	Fingerkraut	
Moos	Fingerkraut	Kreuzkraut	
Rosa Wiesenkerbel	Wilde Möhre	Hagebutte	
Primel	skelettierte Blätter	Federballfarn	
Schlüsselblume		skelettierte Blätter	
Kuckucksnelke			
skelettierte Blätter			

Herbst
*Die prächtig braunen Blätter und
Samenköpfe erhalten durch die orange-
farbenen Herbstblumen mehr Farbigkeit.*

Winter
*Leuchtend rote Anemonen verleihen dieser
rustikalen Wintercollage einen Hauch von
Festlichkeit.*

~ Duftbeutel ~

Diese hübschen Beutel, in denen wohlriechende Kräuter duften, können in einer Vielzahl von unterschiedlichen Formen, Größen und Materialien gefertigt werden. Sowohl Baumwolle, Leinen, Kaliko, Spitze und Musselin als auch Seide sind geeignete Stoffe. Die Ränder kann man auszacken oder mit Spitze besetzen: hübsche Bänder können angeheftet oder angeklebt werden, und als Verzierung dieser Beutel eignet sich jede kleine gepreßte Blume: Kleine Blumenzweige oder -sträußchen, ein Kranz oder ganz einfach eine einzelne Blume sehen bezaubernd aus.

Potpourri

Potpourri (eine duftende Kräutermischung) kann man fertig kaufen oder aus Blumen und Blättern aus dem eigenen Garten, die mit Duftessenzen und Fixatoren gemischt werden, herstellen (siehe Seite 106). Die im Handel erhältlichen Mischungen gibt es in unterschiedlichen Mixturen mit solch beschwörenden Namen wie »Kräutergarten« und »Rosengarten«, aus Rosenblütenblättern und Lavendel. Schön ist es, wenn Kräuterfüllung und Verzierung thematisch zusammenpassen. So können Sie zum Beispiel einen mit Rosen verzierten Beutel mit einer »Rosengarten«-Mischung füllen, einen Beutel voll getrockneter Melisse, Minze und Monarde mit ein paar Zweigen gepreßter Kräuter schmücken; oder erproben Sie einmal eine Mixtur aus Pfefferminzblättern und -blüten. Es gibt viele Möglichkeiten, die einen Versuch wert sind.

Die angenehm frisch duftenden Beutel kann man vielseitig verwenden. Legen Sie sie in eine Schublade oder in einen Wäscheschrank, um Ihre Wäsche zu parfümieren; nähen Sie sie in Ihr Kopfkissen ein, oder binden Sie die kleinen Parfümsäckchen über einem Heizkörper fest; die Wärme läßt die Blumenöle im Raum verdunsten. Die Beutelchen aus Spitze sehen aber auch auf einer Frisierkommode, dem Nachtschränkchen oder im Badezimmer hübsch aus.

Beutel aus Spitze (oben links)
Flacher Beutel aus Baumwoll-Spitze (oben)

WIE MAN EINEN DUFTBEUTEL HERSTELLT

1 Schneiden Sie mit einer Zackenschere zwei Stoffquadrate aus. Auf das eine Stück zeichnen Sie mit einem Bleistift eine Nähhilfe auf. Die mit etwas Klebstoff versehenen Blüten und Blätter werden nun auf dem Stoff in die gewünschte Position gebracht; danach erfolgt die sorgfältige Beschriftung mit einem feinen, wasserfesten Stift.

2 Stecken Sie beide Stoffstücke mit Nadeln aufeinander fest. Nähen Sie dann – durch beide Lagen Stoff hindurch – im Zickzack-Stich einen Streifen Spitze an drei Seiten des Beutels fest. Beginnen Sie am unteren Teil des Beutels, und folgen Sie dann Ihrer Nähhilfe. Zum Schluß entfernen Sie die Stecknadeln.

3 Füllen Sie den Beutel mit Potpourri. Mit einem Zickzack-Stich beenden Sie die Näharbeit und nähen das Säckchen an der Spitze zu. Verbinden und gehren Sie die Spitze mit einem einfachen Stich an der unteren rechten Ecke. Danach wird die Spitze noch getrimmt und leicht gebügelt.

Farbige Beutel aus Seidentaft

Beutel aus gekräuselter Baumwoll-Spitze
(rechts)

Arbeitsmaterial

Bänder

Nadeln und Fingerhut

Potpourri

Stoff

Baumwollgarn

Spitze

Kräutergartenherbarium

Dieses Bild besteht aus einem einfachen botanischen Pflanzenarrangement und erinnert an eine Seite aus einem alten Pflanzenbuch. Derartige Pflanzen wurden gewöhnlich in einem klassischen Kräutergarten gezogen, und sie haben alle eine Rolle in der Pflanzenkunde gespielt: Einige dienten als Heilkräuter, andere als süßduftende Beigaben einer Kräutermischung, Seifenkugel, Parfümkugel oder ähnlich aromatischer Artikel, während wieder andere zum Kochen benutzt wurden — einige sind auch heute noch im Gebrauch.

Natürlich gibt es noch eine Menge anderer Pflanzen, die in dieses »Pflanzenbuch«-Bild passen würden — »Kräutergarten« muß nicht Ihr einziges Thema sein. Sie können Pflanzen nach ihrer Geschichte, nach Formen, Farben oder ihrem Duft zusammenstellen entsprechend Ihren ganz persönlichen Vorstellungen.

Aufbau eines Bildes

Man braucht Zeit und große Sorgfalt, um ein gut strukturiertes Bild anzufertigen. Sie sollten die einzelnen Pflanzen so arrangieren, daß keine Blume dominiert und die Lücken mit langen, dünnen Pflanzen ausgefüllt sind. Sorgen Sie für genügend weißen Hintergrund, damit jede einzelne Pflanze deutlich zu sehen ist und benannt werden kann.

Der bogenförmige Blumenrahmen wurde aus kleinen Blütenknospen, Blüten und Blättern willkürlich zusammengesteckt. Zum Füllen der Lücken können Sie die Blüten der Wilden Möhre und des Wiesenkerbels über den Rahmen streuen. Sie können, wie bei dem Kräutergartenherbarium rechts, für den Scheitelpunkt des Bogens ein etwas auffallenderes Arrangement wählen, aber es sollte zum Rest des Rahmens passen.

Bei diesem Bild ist die Benennung der Pflanzen ein wichtiger Bestandteil — man sollte wissen, was man sieht. Ich verwende statt der lateinischen Bezeichnungen die Volksnamen, weil einige so faszinierend klingen — man *muß* einfach zweimal hinsehen bei Namen wie Mutterkraut, Liebstöckel und Guter Heinrich!

Bestandteile eines Kräutergartenherbariums

Sterndolde	Minze
Borretsch	Moos
Kamille	»Mundi«-Rose
Fenchel	Rainkohl
Mutterkraut	Eichenfarn
Ingwerminze	Alte Rose
Guter Heinrich	Rosa Wiesenkerbel
Schierlings-Wasserfenchel	Salbei
Flechte	Wilde Möhre
Liebstöckel	Kußröschen
Brauner Streifenfarn	Eisenkraut
Mädesüß	Waid

MALVE MAJORAN RINGELBLUME ARNIKA LAVENDEL PETERSILIE

Schierling

Salbei

Ingwerminze

Leinkrau

Lieb

KNOBLAUCH FENCHEL

Ein nostalgisches Arrangement
*Der farbenfrohe dekorative Blumenrahmen
umgibt sorgfältig ausgewählte
Kräuterexemplare.*

Alte Rose

Fenchel

Rainkohl

Borretsch

Waid

Grüner
falbei

Lila falbei

Mädesüß

Minze

Eisenkraut

Farn

Kamille

Guter Heinrich

Kußröschen

Mundi Rose

Flechte

ODERMENNIG ANGELIKA ALECOST ANIS BORRETSCH MELISSE

...ANT TAUBNESSEL WEGWARTE WAID SCHIERLING WERMUT KÄLBERKROPF

Gartenkräuter

*Penny Black
August '86*

Spitzenkissen

Ich habe mich schon immer für schöne alte Stoffe begeistert, und ich liebe es, ihre zierlichen, mit altmodischen Stahlnadeln genähten Säume und die komplizierten Stickereien auf Musselin, die exquisiten Spitzen aus Honiton, Hamilton und Limerick zu betrachten. Alte Spitze hat ihren eigenen Charme, und sogar kleine Schnipsel können, auf Kaliko aufgenäht, hübsch aussehen.

Die Herstellung eines Kissens

Meine duftenden Spitzenkissen erweitern das Repertoire; zudem sind sie sehr leicht anzufertigen. Sie benötigen zwei gleichgroße, rechteckige oder quadratische Kalikostücke, einige Spitzenreste und gepreßte Pflanzen zur Verzierung der Oberseite. Zeichnen Sie auf eines der beiden Stoffstücke mit Bleistift einen Rahmen auf, der geringfügig breiter ist als die Spitze, mit der Sie Ihr Kissen verzieren wollen. Unterlegen Sie den Stoff mit leichter synthetischer Wattierung, und reihen Sie die Stücke aneinander. Plazieren Sie die Spitze in das gezeichnete Rechteck oder Quadrat, stecken sie fest und vernähen jede Kante mit der Hand, wobei Sie darauf achten müssen, daß Ihre Stiche durch die Spitze, den Kalikostoff und die synthetische Wattierung hindurch gehen, damit das Ganze leicht gesteppt wirkt. Als nächstes nähen Sie die Spitzenrüschen um die äußeren Kanten der bereits applizierten Spitze. Die beiden Kalikostücke werden nun von links an drei Seiten miteinander vernäht und dann auf rechts gedreht, so daß die Nähte innen liegen. Polstern Sie das Kissen mit synthetischer Wattierung, die mit einer Kräutermischung gefüllt wurde, und vernähen Sie die letzte Kante. Schließlich wird das Kissen mit gepreßten Blumen beklebt, die ihrerseits mit einem Stück aufgenähten Brautschleier geschützt werden.

Spitzenkissen im Schlafzimmer oder auf dem Bett verteilt, auf dem Sofa oder in Ihrem Lieblingssessel bringen einen Hauch von Romantik und Nostalgie in Ihre Wohnung.

Ein Streifenmuster (rechts)
Aufgenähte, weiße, cremefarbene und kaffeebraune Spitzenbänder sowie ein aufgeklebter Rosenstrauß können ein einfaches Kissen in ein echtes Prunkstück verwandeln.

Ein klassisches Dekor
*(ganz rechts)
Ein Kranz aus Rosen, Wiesenkerbel und Wilder Möhre schmückt die Vorderseite dieses eleganten Spitzenkissens.*

Möbeldekoration

Gepreßte Blumen als Schmuck für Möbel zu verwenden ist eine alte Tradition. Mit ihrem ländlichen Charme erinnern sie an die ›gute Bauernstube‹, an provenzalische Küchen und an die Atmosphäre in alten Schleppkähnen. Das weiche Kiefernholz eignet sich besonders für diese Verzierung, die auch auf Blech gut wirkt. Sie können alten Kommoden, Schranktüren, Schmuckkästchen und sogar Küchenstühlen neues Leben verleihen, indem Sie sie mit Sträußchen, Borten, Kränzen oder Girlanden aus gepreßten Blumen und Blättern schmücken. Sogar Farnwedel sehen, einfach arrangiert, bezaubernd aus.

Da Sie die Pflanzen überlackieren müssen, ist es ratsam, zarte, wenig strukturierte Blumen und Blätter zu verwenden, die sich leicht in jedes Muster einfügen. Sie können auch vergoldete Blätter verwenden, die auf schwarzlackierten Kästen für einen verblüffenden Effekt sorgen. Da es Pflanzen gibt, die nach dem Lackieren transparent werden, wie zum Beispiel Hortensien- und Fingerkrautblüten, ist es sinnvoll, erst einmal mit kleinen Proben zu experimentieren.

Kerzen

Auch auf Kerzen können gepreßte Blumen sehr schön aussehen. Wenn die Kerzen brennen, werden die Pflanzen durchscheinend. Kleine und zierliche Einzelexemplare wirken schöner als große und übertriebene Blumenarrangements. Mit Ausnahme einzelner Vergißmeinnicht oder langer Farnstengel sollte man die gepreßten Blumen eher um den Fuß einer Kerze plazieren, da sie in der Kerzenflamme Feuer fangen könnten.

Ich verwende am liebsten handgezogene Kerzen, die man beim Blumenhändler oder in Kunstgewerbeläden bekommt, obwohl einfache Haushaltskerzen ähnlich reizvoll sein können. Weiße Kerzen sind vorteilhaft, da sie nicht von der Schönheit und den Farben der Blumen ablenken.

Zum Verzieren der Kerze halten Sie die Blume an die gewünschte Stelle und streichen einen dünnen Film aus geschmolzenem Wachs darüber. Um ein gleichmäßiges Ergebnis zu erzielen, können Sie die Kerze auch in einen Topf mit geschmolzenem Wachs tauchen, was aber besonders für den Anfänger schwierig ist; daher Vorsicht!

Dekorative Kerzen
Zierlich hängende Farnwedel und zarte, zerbrechliche Blumen sorgen für eine einfache Verzierung schlichter, weißer Kerzen.

Kerzenkasten
Schneeglöckchen und Efeublätter verwandeln einen alten Kerzenkasten, der vorher auf den Speicher verbannt war, in ein kleines Schmuckstück.

Spiegelrahmen mit Ornament

Dieser Spiegelrahmen aus Kiefer ist an den Ecken mit einem schlichten Ornament aus Rosen, Fingerkraut, Sterndolden und Hortensienblüten beklebt, was ihn zum originellen Bauernmöbel aufwertet.

Fotorahmen

Fotorahmen können mit gepreßten Blumen und Blättern sehr hübsch dekoriert werden. Schlichte Rahmen aus Karton lassen sich ganz leicht phantasievoll bekleben, vielleicht mit ein paar Vergißmeinnichtblüten in einer Ecke oder auch mit einem farbenprächtigen Teppich aus Anemonen und Nieswurz.

Stilvoll wirkt ein Rahmen, der mit ein paar Einzelblüten, vielleicht von gleicher Farbe oder Größe, geschmückt ist: wenn Sie einen Hauch von Romantik wünschen, flechten Sie dünne Bänder durch Ihre Blumen und bekleben Sie die Ecken des Rahmens mit Spitze. Einen noch wirkungsvolleren Eindruck erzielen zusätzliche Perlen- und Muschelapplikationen oder etwas Glitter. Achten Sie darauf, daß die Pflanzen, die Sie verwenden, weich und zart sind; kräftig strukturierte Pflanzen können zu schwer und mächtig wirken.

Schlichte Eleganz (unten)
Große rosa- und lilafarbene Blüten dekorieren hier den Fuß des Rahmens, während die zierlichen Efeublätter an den Seiten hochzuklettern scheinen.

Sommerfarben (oben)
Ein Arrangement hübscher Sommerblumen überwölbt den Fotoausschnitt.

Blumenteppich (rechts)
Bei diesem phantasievollen Design drängen sich leuchtende Sommerblumen zusammen.

Weitere
Techniken

In diesem Abschnitt werden die praktischen Aspekte des Blumenpressens genau beschrieben. Sie finden hier Informationen über verschiedene Pressen und Tips für das Sammeln und Präparieren der Pflanzen; außerdem einen Gartenplan mit zum Pressen geeigneten Pflanzen, eine Beschreibung zur Potpourri-Herstellung sowie Anleitungen für das Färben von Stoffen und für die Fertigung von Rahmen.

~ *Pflanzenpressen* ~

Für die ersten Versuche in Ihrem neuen Hobby brauchen Sie sicher noch keine hochentwickelte Pflanzenpresse; ich hatte selbst jahrelang eine Behelfspresse, die aus zwei Sperrholzplatten und drei Ziegelsteinen bestand. Später habe ich eine verbesserte Presse selbst gebaut, und seit dem letzten Jahr besitze ich eine professionelle Hochleistungspresse. Natürlich ist sie optimal, aber für den Anfang nicht unbedingt notwendig.

Die Wahl einer Presse

Behelfsmäßig können Sie Ihre Blumen auch in einem Buch oder in einer Zeitschrift pressen. Legen Sie ein schweres Gewicht darauf, um den Druck zu erhöhen, oder plazieren Sie die Zeitschrift beziehungsweise das Buch unter den Teppich an eine vielbenutzte Stelle oder unter das Sitzkissen eines häufig gebrauchten Stuhls: Not macht erfinderisch! Aber diese Methode ist wirklich nur eine Notlösung. Sie können für den Anfang eine einfache Presse schnell und preisgünstig mit zwei Sperrholzplatten und einigen schweren Gewichten, zum Beispiel Ziegelsteinen, selbst herstellen. Legen Sie die Pflanzen, die Sie pressen wollen, zwischen zwei Papiertücher oder Papierwindeln und diese dann zwischen zwei Blätter saugfähigen Papiers (die Zeichnung auf der gegenüberliegenden Seite demonstriert die einzelnen Papier-

lagen, die sie benötigen). Danach klemmen Sie alle Lagen zwischen die Sperrholzplatten und beschweren das Ganze mit drei Ziegelsteinen oder ähnlich schweren Gewichten. So wird immer gleichmäßiger Druck ausgeübt, während die Blumen und Blätter trocknen. Andere Pressen müssen in regelmäßigen Abständen nachgezogen werden.

Wenn Sie etwas Geld für eine bessere Presse ausgeben wollen, sollten Sie den Kauf einer einfachen, herkömmlichen Presse in Erwägung ziehen, die sich aber auch selbst bauen läßt. Die herkömmliche Presse arbeitet gewöhnlich mit Hilfe von vier Flügelschrauben, die an allen vier Ecken angezogen werden. Sie pressen so die Pflanzen, die, von mehreren Lagen Papier umgeben, in der Mitte der Presse eingeklemmt werden.

Wenn Sie später eine stärkere Presse brauchen, gibt es nichts Besseres als eine professionelle Hochleistungspresse. Mit diesen Pressen können Sie wirklich alles pressen, einschließlich sehr dicker und stark strukturierter Pflanzen, wodurch sich das Repertoire an geeignetem Pflanzenmaterial erhöht. Die professionelle Presse arbeitet mit einer Mittelschraube und ist dadurch weniger umständlich als eine Presse mit vier Flügelschrauben.

Achten Sie darauf, daß Sie Ihre Pressen immer an einem trockenen Platz aufbewahren, um sie vor Feuchtigkeit und Schimmel, den Erzfeinden gepreßter Pflanzen, zu schützen.

Behelfspresse

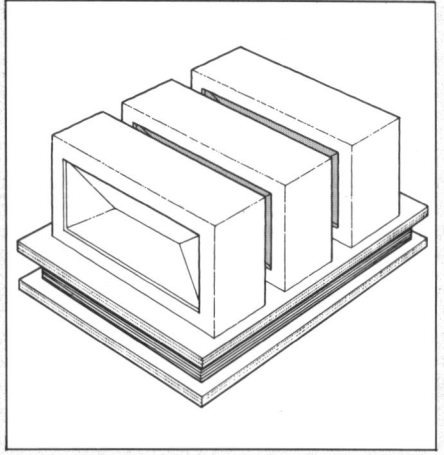

Dies ist eine ausgezeichnete Presse für Anfänger. Sie benötigen zwei Sperrholzplatten und drei Ziegelsteine. Legen Sie Ihre Pflanzen zwischen mehrere Lagen Vliespapier (siehe Zeichnung auf der gegenüberliegenden Seite), und klemmen Sie diese zwischen beide Sperrholzplatten. Danach wird das Ganze mit den Ziegelsteinen beschwert.

Reisepresse

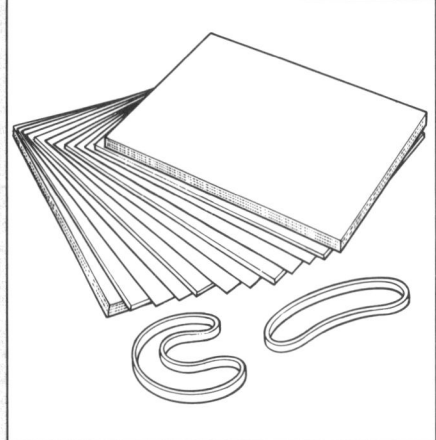

Diese Presse läßt sich sehr gut mitnehmen, wenn Sie Pflanzen sammeln. Sie besteht aus zwei kleinen Sperrholzplatten, zwischen die Sie Ihre Pflanzen in mehreren Lagen Vliespapier einklemmen (siehe Zeichnung auf der gegenüberliegenden Seite). Die Presse wird von zwei starken Gummibändern zusammengehalten.

»Notfall«-Presse

Notfalls können Sie Ihre Pflanzen auch zwischen den Seiten eines Buches oder einer Zeitschrift pressen. Dazu überschlagen Sie die ersten Seiten und legen ein Papiertaschentuch ein, darauf kommen dann die Pflanzen und eine weitere Lage Papiertaschentücher. Schließen Sie vorsichtig das Buch, und legen Sie ein schweres Gewicht darauf.

Lagen in einer Presse

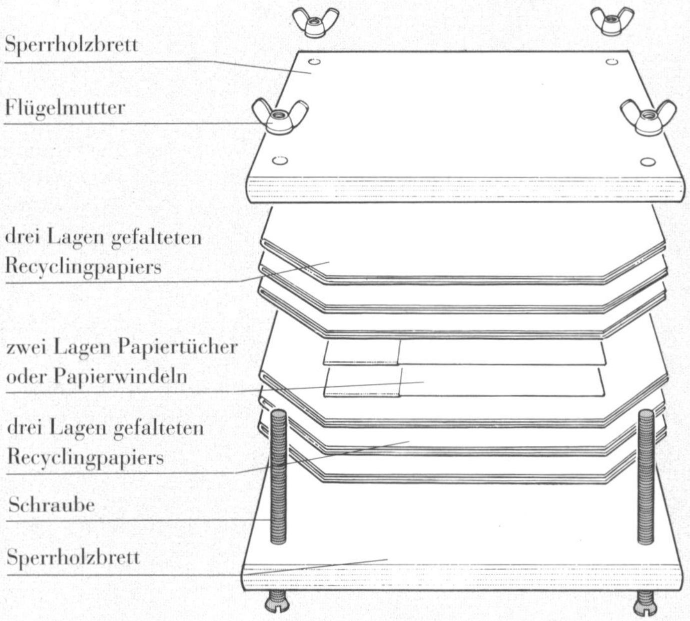

Sperrholzbrett

Flügelmutter

drei Lagen gefalteten
Recyclingpapiers

zwei Lagen Papiertücher
oder Papierwindeln

drei Lagen gefalteten
Recyclingpapiers

Schraube

Sperrholzbrett

DIE HERKÖMMLICHE PRESSE

Eine herkömmliche Presse können Sie in den meisten Kunstgewerbeläden kaufen; sie läßt sich aber auch selbst bauen. Die Presse besteht aus
zwei starken Sperrholzplatten, die das Unter- und Oberteil der Presse
bilden und an jeder Ecke durch vier Flügelschrauben und -muttern
miteinander verbunden sind. Dazwischen ist genügend Platz für etwa
20–30 Lagen Vliespapier. Ich verwende folgende Anordnung der Lagen:
drei Blätter gefalteten Recyclingpapiers, eine Lage Papiertaschentücher
oder Papiertücher, worauf dann die Pflanzen gelegt werden, gefolgt von
einer weiteren Lage Papiertücher und wieder drei Blättern gefalteten
Recyclingpapiers.

Zusammengesetzte Presse

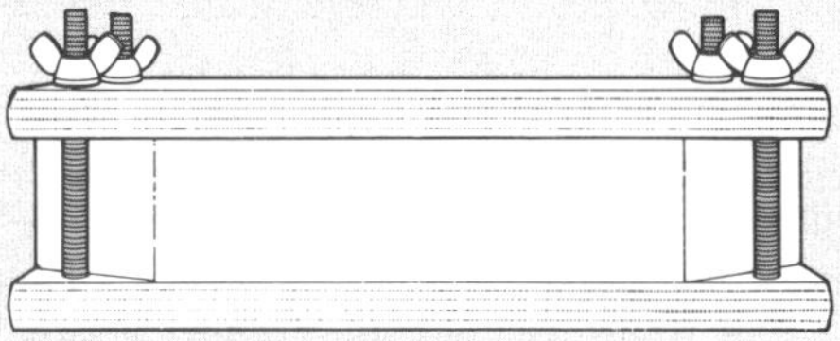

~ Sammeln & Präparieren ~

Wenn Sie Pflanzen zum Pressen sammeln, pflücken Sie nur so viele, wie Sie brauchen. Lassen Sie möglichst viele Knospen und Blumen stehen, besonders wenn Sie in der freien Natur sammeln. Es ist verboten, seltene wildwachsende Pflanzen zu pflücken oder zu entwurzeln (siehe Liste der geschützten Pflanzen Seite 116). Zunächst können Sie von allem etwas sammeln – einzelne Blüten, Zweige, Blätter, Knospen, Samenköpfe, hin und wieder eine Pflanze samt Wurzeln. Berücksichtigen Sie auch ungewöhnliche Dinge wie Brennesseln, Iris- und Lilienblütenblätter, herabhängende Ranken von Kletterpflanzen und junge Weintrauben.

Sie sollten die Pflanzen dann pflücken, wenn sie am besten aussehen und ihre Farben am prächtigsten sind, also wenn sie sich gerade geöffnet haben – nicht, wenn sie schon seit einiger Zeit blühen. Die Blütenblätter sollten sauber, unbeschädigt und frisch sein. Es ist sehr wichtig, daß Sie Ihre Pflanzen an einem trockenen Tag sammeln, da Feuchtigkeit den Schimmelbefall begünstigt; der Nachmittag ist der beste Zeitpunkt, da bis dahin der Morgentau verdunstet ist. Geht es nicht anders, lassen Sie die feuchten Pflanzen zu Hause in einer mit Wasser gefüllten Vase trocknen.

Die gepflückten Exemplare legt man in eine Plastiktüte, um sie frisch zu halten. Geben Sie nicht zu viele Pflanzen in eine Tüte, damit sie sich nicht gegenseitig zerdrücken. Pusten Sie etwas Luft in die Tüte, bevor sie mit einem Gummiband verschlossen wird. Dieses Luftpolster bewahrt die Pflanzen vor Quetschungen, Austrocknen und Überhitzung. Falls die Pflanzen auf dem Heimweg etwas welk geworden sind, sollte man sie samt Plastiktüte in den Kühlschrank oder an einen kühlen Platz legen, bis sie sich wieder erholt haben.

Pflanzen müssen nach dem Pflücken so schnell wie möglich gepreßt werden, damit ihre Farbe erhalten bleibt, aber gehen Sie mit Vorsicht vor. Wenn Sie mit einzelnen Blüten oder feinen Knospen arbeiten, sollten Sie Pinzetten mit spitzen oder abgerundeten Enden benutzen; so vermeiden Sie Beschädigungen an den Blütenblättern.

Das Präparieren verschiedener Blüten

Einzelne Blüten, wie die des Fingerkrauts und der Wiesen-Butterblume, lassen sich mit oder ohne Stiel sehr leicht pressen. Schneiden Sie die Stiele, die Sie nicht nehmen wollen, mit einer scharfen Schere ab. Blütenzweige der Hortensie oder des Vergißmeinnicht können als Ganzes gepreßt werden; wenn Sie die Blüten abschneiden, verwenden Sie eine scharfe Schere, und achten Sie darauf, daß die Blütenblätter nicht beschädigt werden.

Sehr dichte Blütenköpfe gewinnen, wenn man sie ausdünnt. Schneiden Sie den Blütenkopf vom Stengel ab und zupfen dann vorsichtig ein paar der inneren Blütenblätter heraus, um so die Blüte abzuflachen. Voluminöse Blumen, wie Rosenknospen und

Zerschneiden von Blütenköpfen

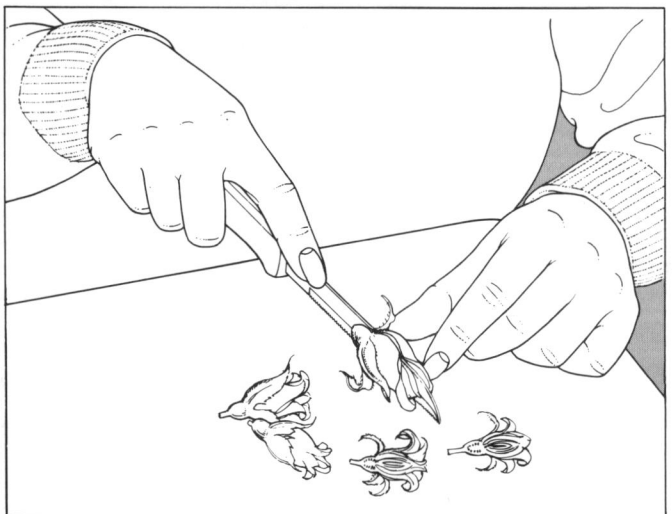

Schneiden Sie dicke, voluminöse Blütenköpfe, wie Rosenköpfe oder Narzissen, vor dem Pressen der Länge nach durch. Dazu legt man den Blütenkopf auf einen Tisch, hält ihn gut fest und schneidet ihn, von oben beginnend, vorsichtig mit einem scharfen Messer durch. So können Sie beide Blütenhälften verwenden, und da beide Teile jetzt eine glatte Oberfläche besitzen, lassen sie sich auch leichter in Ihr Blumenbild einkleben.

Das Präparieren von Gemüse

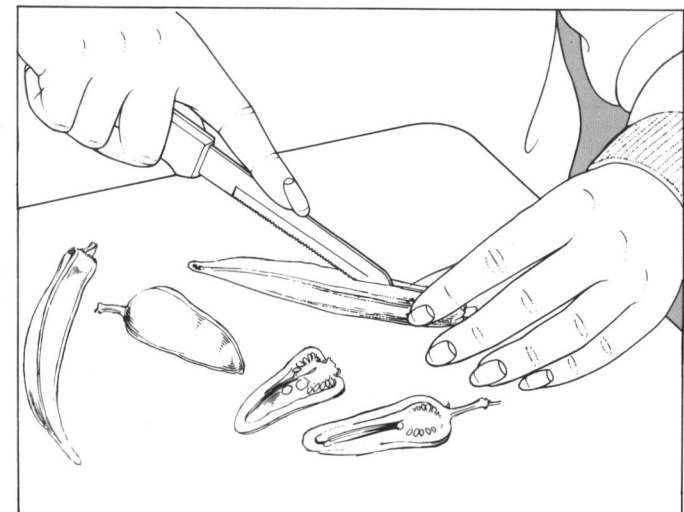

Schneiden Sie lange, dünne Gemüsesorten, zum Beispiel Okra und Peperoni, vor dem Pressen einmal längs oder quer durch. Dazu halten Sie das Gemüse auf einer Tischplatte zwischen Zeigefinger und Daumen gut fest und schneiden es mit einem scharfen Messer, wobei Sie die Klinge von Ihrer Hand wegziehen. Entfernen Sie alle herabhängenden Samen und Fasern, und betupfen Sie mit einem Papiertuch alle feuchten Stellen.

Narzissen, können vor dem Pressen mit einer Schere oder einem Skalpell der Länge nach durchgeschnitten werden. So lassen sich beide Hälften verwenden. Die Pflanze kann aber auch ganz gepreßt werden und sorgt dadurch auf dem Bild für mehr Struktur. Für Blumen mit einem dicken Blütenboden müssen Sie vor dem Pressen eine Art »Kragen« (siehe Zeichnung) anfertigen, um zu gewährleisten, daß die Blütenblätter flach gepreßt werden, ohne den Blütenboden zu zerdrücken.

Ungewöhnliches Pflanzenmaterial

Wenn Sie keine frischen Pflanzen bekommen können, verwenden Sie ruhig *getrocknete Blumen*. Halten Sie sie kurz vor dem Pressen in Wasserdampf, um sie neu zu beleben.

Die meisten *Moose*, *Flechten und Rinden* müssen nicht gepreßt werden. Ich lege sie auf einem Tablett aus, das ich für ungefähr einen Tag an einen warmen und trockenen Platz stelle; danach sind sie dann gebrauchsfertig. Wenn die Pflanzen noch nicht flach genug sind, reichen ein paar Stunden in einer Presse, um sie abzuflachen, aber gerade die Struktur dieses Pflanzenmaterials macht seine Schönheit aus.

Kleine *Pilze* benötigen vor dem Pressen keine Vorbereitung, größere Pilze können der Länge nach durchgeschnitten oder in kleine Scheiben zerschnitten werden, bevor man sie ganz leicht preßt. Ich selbst presse nur Pflanzen, die ich als absolut ungiftig identifizieren kann. Bevor Sie *Seetang* pressen, sollten Sie ihn gründlich mit Leitungswasser auswaschen, um ihn vom salzigen Meereswasser zu reinigen, und anschließend mit Papiertüchern trockentupfen.

Obst und Gemüse, wie zum Beispiel Bohnen, Peperoni, Okra, Paprika und die meisten weichen Früchte, können Sie vor dem Pressen der Länge nach oder in Scheiben schneiden. Die Obsthaut oder Schale läßt sich entfernen und getrennt pressen.

Dämpfen von Trockenblumen

Bevor die Trockenblumen gepreßt werden, hält man sie für ungefähr eine Minute in den Dampf eines kochenden Wasserkessels. Der feuchte Dampf wird die Blumen neu beleben.

Passen Sie auf, daß Sie sich dabei nicht verbrühen; am besten dämpfen Sie nur langstielige Blumen, so daß Ihre Hände nicht in den Dampf geraten können.

Herstellung eines ›Kragens‹

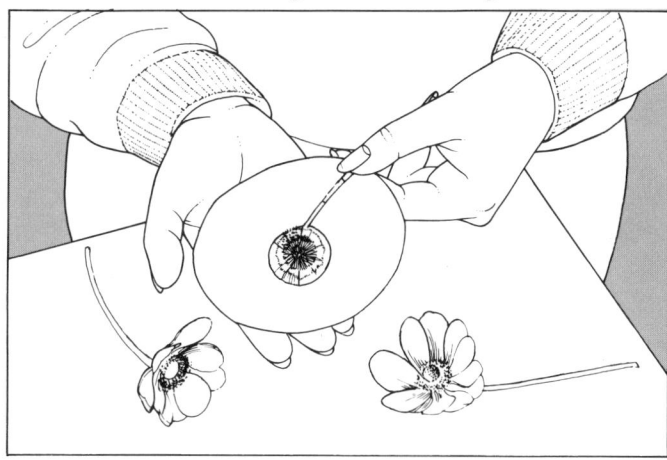

Um einen ›Blumenkragen‹ anzufertigen, schneiden Sie ein Stück Löschpapier in der Größe eines Blütenkopfs aus und in dessen Mitte wiederum ein Loch, das genau der Größe des Blütenbodens entspricht. Legen Sie diesen ›Kragen‹ über die Blume, so daß der Blütenboden durch das Loch herausragt. Fügen Sie weitere ›Kragen‹ hinzu, bis sie die Blütenmitte ganz umschließen.

Das Ausdünnen von Blütenzweigen

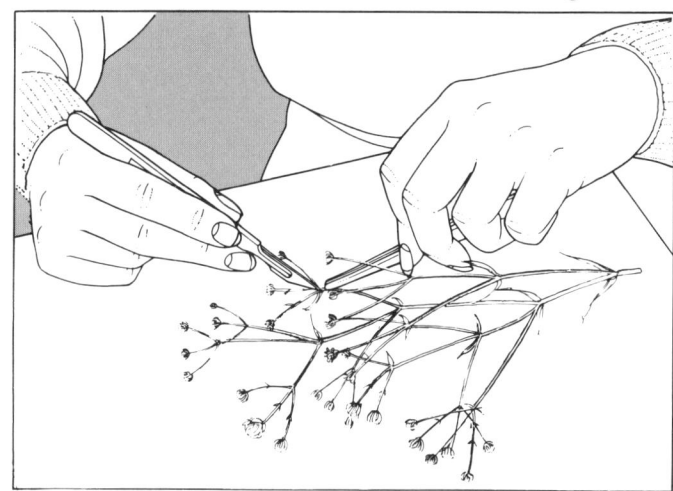

Blütenzweige wie diejenigen vom Wiesen-Frauenmantel und vom Schleierkraut müssen eventuell vor dem Pressen ausgedünnt werden. Halten Sie den Zweig mit einer Pinzette auf einer glatten Unterlage fest, um eine Beschädigung der Blüten zu verhindern. Mit einem Skalpell schneiden Sie dann vorsichtig so viel wie möglich kleinere Stengel aus dem Zweig heraus. Sie können auch statt eines Skalpells eine Schere verwenden, mit der sich aber nicht so sauber arbeiten läßt.

~ Pressen & Lagern ~

Für jede Presse gelten die gleichen Grundregeln. Wenn Sie Pflanzenmaterial pressen, ist Schnelligkeit das wichtigste Gebot, und je schneller Ihr Material trocken ist, desto leuchtender werden die Farben.

Zunächst müssen Sie verschiedene Lagen saugfähigen Papiers in die Presse einlegen: Ich verwende gefaltetes Recyclingpapier, eine Lage Papierwindeln und eine Extralage Papiertücher für sehr feuchte Pflanzen; Sie können aber auch Löschpapier, Tonpapier oder Zeitungspapier benutzen. Legen Sie die Blüten und Blätter vorsichtig auf die Papierwindeln oder -tücher, wobei Sie möglichst viele nebeneinander plazieren können, ohne daß sie sich allerdings überlappen. Auf einem Blatt sollten immer Pflanzen von gleicher Stärke liegen, da so das ganze Blatt dem gleichen Druck ausgesetzt ist. Achten Sie auch darauf, daß Sie Blumen und Blätter gleicher oder ähnlicher Gattung zusammenhalten; das wird Ihnen später die Arbeit an Ihren Collagen erleichtern.

Bedecken Sie die Pflanzen mit einer weiteren Lage Papierwindeln oder -tüchern und mehreren Schichten Recyclingpapier. Achten Sie darauf, daß sich die Blumen und Blätter während dieses Vorgangs nicht verschieben oder lösen. Diese Papieranordnung sollte bei jeder Lage Pflanzen wiederholt werden. Den nötigen Druck erzielen Sie, indem Sie die Schrauben an der Presse bis zum Anschlag festziehen.

Ungewöhnliches Pflanzenmaterial

Wenn Sie sehr saftiges Pflanzenmaterial, wie *Obst*, *Gemüse* oder *Pilze*, pressen wollen, dürfen Sie nur mit leichtem Druck pressen und müssen das Papier häufig wechseln. *Trockenblumen* benötigen dagegen sehr hohen Druck.

Schnelles Trocknen

Ich bemühe mich, alle Pflanzen innerhalb von höchstens zwei Wochen (mit Ausnahme von Obst und Gemüse) zu trocknen. Während dieser Zeit tausche ich regelmäßig das feuchte Recyclingpapier gegen trockenes aus. Die ersten drei oder vier Tage sollten Sie das Papier mindestens einmal am Tag wechseln. Danach können Sie es dann zwei Tage oder länger benutzen, je nachdem wie trocken Ihre Pflanzen sind. Aber denken Sie daran, daß Sie Ihre Exemplare niemals von der Lage Windeln oder

Der Aufbau von Papierlagen in einer Presse

1 Falten Sie drei Blätter Recyclingpapier in der Mitte zusammen und legen sie in die Presse. Darauf kommt ein viertes Blatt Recyclingpapier, das zuerst auch gefaltet, dann aber wieder geöffnet wird, so daß die eine Hälfte über die Kante der Presse hinausragt.

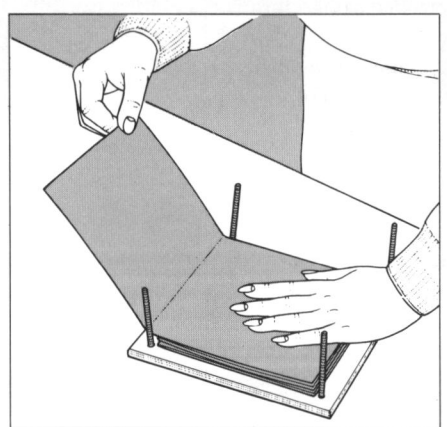

2 Legen Sie auf das Recyclingpapier eine Lage Papierwindeln, Wenn Sie sehr saftiges Pflanzenmaterial wie Obst und Gemüse pressen, geben Sie noch eine Schicht Papiertücher zwischen das Recyclingpapier und die Papierwindeln.

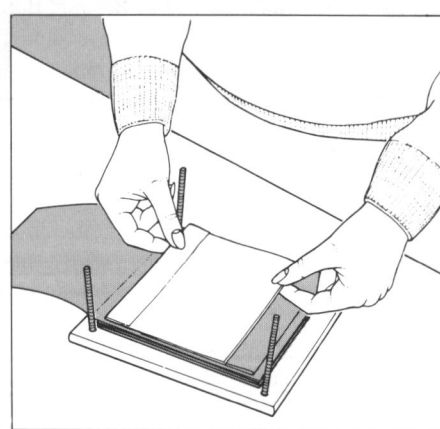

3 Legen Sie Ihre Blüten und Blätter vorsichtig auf die Papierwindel, wobei Sie möglichst viele Pflanzen nebeneinander plazieren sollten, ohne daß diese sich überlappen. Achten Sie darauf, daß die Pflanzen von gleicher Stärke sind, damit alle den gleichen Druck erhalten.

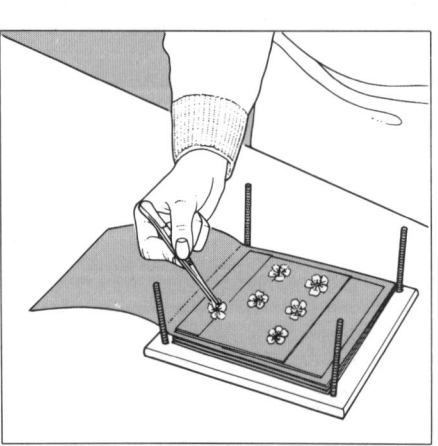

4 Bedecken Sie die Pflanzen mit einer weiteren Lage Papierwindeln (und einer Extraschicht Papiertücher bei sehr saftigem Pflanzenmaterial), und klappen Sie das vierte Blatt Recyclingpapier nun wieder zu. Legen Sie drei weitere Lagen Papier darauf, um die Anordnung zu vervollständigen.

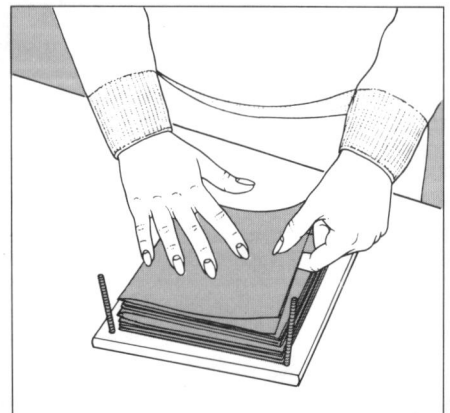

Papiertücher herunternehmen, auf die sie anfangs gelegt wurden, denn sie sind nun sehr zerbrechlich und können leicht beschädigt werden.

Trocknen Sie das Papier an einem warmen Ort, etwa über einem Radiator oder in einem warmen und trockenen Raum oder Wäschetrockenschrank. Häufig lege ich das warme Papier direkt in die Presse, da so der Trockenvorgang beschleunigt wird. Achten Sie jedoch darauf, daß das Papier nicht zu heiß ist, sonst verkohlen die Blumen. Überprüfen Sie die Trockenheit des Pflanzenmaterials: Wenn sich die Pflanzen kalt und klamm anfühlen, sind sie noch nicht soweit; fühlen sie sich warm und fest an, dann sind sie trocken und fertig für den Gebrauch.

Trockene Lagerung

Verwahren Sie die Pflanzen an einem trockenen Ort, um sie vor Schimmel, dem Erzfeind gepreßter Pflanzen, zu schützen. Es ist ratsam, ein Stück Wellpappe zwischen jede zwölfte Lage Pflanzen zu legen, die gute Luftzirkulation gewährleistet. Ich lagere mein Material nach einem eher zufälligen Prinzip, so daß ich beim Durchstöbern der Regale eine bunte Auswahl für eine phantasievolle Collage vorfinde.

Gepreßte Pflanzen werden gern von kleinen Milben befallen, die sie zu Staub zerfressen. Überprüfen Sie die Pflanzen daher regelmäßig, und streuen Sie beim ersten Anzeichen dieser mikroskopisch kleinen Tierchen Flohpulver über Ihre Sammlung; das wird das Ungeziefer für immer vertreiben.

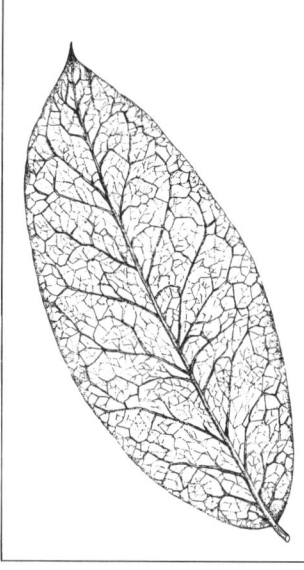

Skelettierte Blätter
Wenn Sie keine skelettierten Blätter finden, können Sie sie ganz leicht selbst herstellen. Tragen Sie im Hochsommer eine Anzahl Blätter zusammen (Magnolienblätter eignen sich am besten), die Sie dann ungefähr einen Monat lang in Regenwasser einweichen, um das Blattgewebe zu lösen. Danach spülen Sie die Blätter unter fließendem Wasser und bürsten sie sanft mit einer weichen Bürste ab, um das aufgeweichte Blattgewebe zu entfernen. Nach dem Trocknen werden die Blätter vorsichtig gebügelt.

Lagerung gepreßter Pflanzen

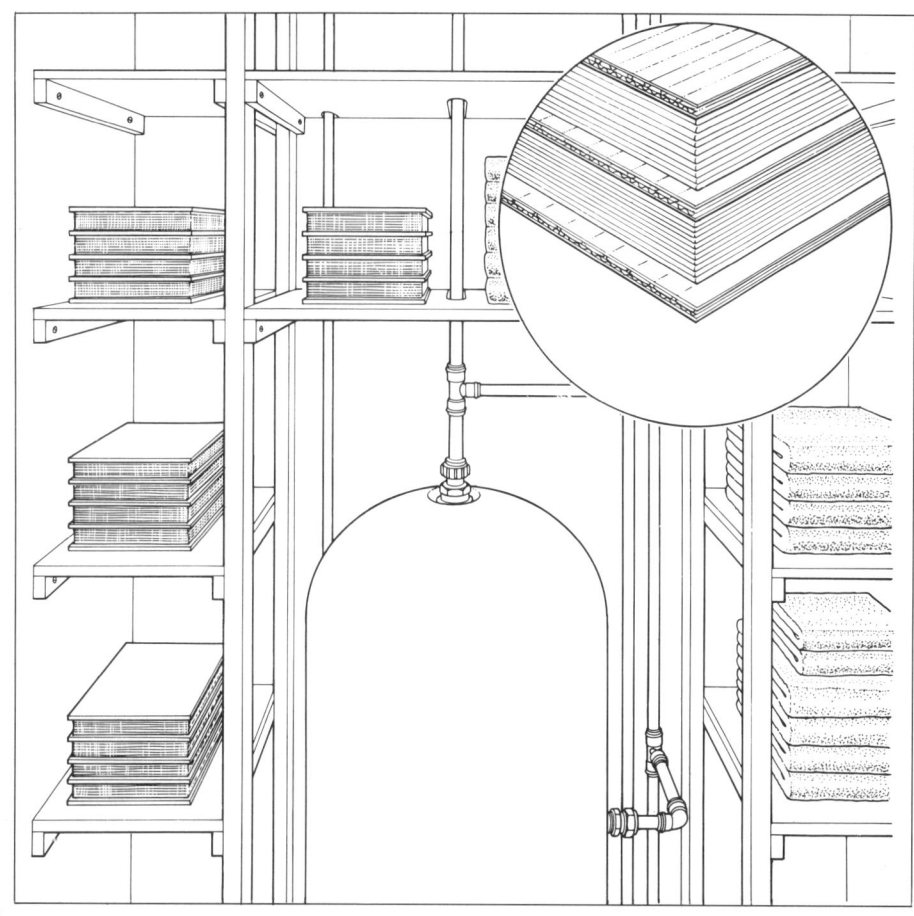

Das Lager im Wäscheschrank
Lagern Sie Ihre gepreßten Blumen und anderes Pflanzenmaterial an einem trockenen Ort mit guter Luftzirkulation, um sie gegen Feuchtigkeit und Schimmel zu schützen. Wenn Sie den nötigen Platz haben, wäre ein Wäscheschrank oder Wäschetrockenschrank ideal. Bewahren Sie die gepreßten Pflanzen auf demselben Blatt Recyclingpapier, auf dem Sie es gepreßt haben, entfernen Sie jedoch die oberen Papierwindelschichten. Stapeln Sie die Blätter aufeinander, und legen Sie nach jeder zwölften Lage Pflanzen ein Blatt Wellpappe dazwischen, damit die Luft besser zirkulieren kann.

~ Tips & Tricks ~

Wenn Sie zum ersten Mal an einer Blumencollage arbeiten, wird Ihnen der Umgang mit dem zerbrechlichen Material vielleicht Schwierigkeiten bereiten. Aber mit ein wenig Übung lassen sich Mittel und Wege finden, eine Arbeit umzugestalten oder etwas zu ersetzen, zu ändern, zu verbessern oder zu reparieren. Beschädigtes Material können Sie leicht ausbessern, unschöne Stellen mit etwas anderem überdecken. Es empfiehlt sich, mit Kautschukkleber zu arbeiten, da man mit ihm geklebte Teile leichter korrigieren kann.

Pflanzenmaterial kann man beliebig zusammenstellen und auch verändern. Wenn Ihnen der Winkel eines Zweiges nicht gefällt, können Sie vorsichtig Teile abbrechen, neu auf dem Bild ausrichten und dann wieder festkleben. Probleme lassen sich immer lösen – schließlich kann man auch ein größeres Bild zu Karten zerschneiden. Bei einem meiner Collage-Experimente fehlte mir einmal ein wenig Kleber zur Fertigstellung der Arbeit, mit Hilfe von Marmelade als Ersatz ließ sich das Bild aber dennoch beenden.

Sie können auch Pflanzen selbst entwerfen, denn die Umrisse eines Blattes lassen sich durchaus verändern; so kann man aus einzelnen, übriggebliebenen Blütenblättern, Blütenböden, Stielen und Blättern eigenwillige »Designer-Blumen« herstellen oder große und komplizierte Blumen aus kleineren Exemplaren komponieren. Je mehr Erfahrung Sie sammeln, desto leichter können Sie auch Zeit sparen. Das Blumenpressen ist eine zeitaufwendige Kunst, und man sollte sich deshalb jede Erleichterung merken. Ich gebe Ihnen einige Tips und Tricks weiter, die ich im Laufe der Jahre entdeckt habe.

So sparen Sie Zeit

- *Besprühen Sie fertige Bilder mit Haarspray, um das Herausfallen einzelner Blüten und Blätter zu verhindern.*
- *Bügeln Sie skelettierte Blätter nach dem Sammeln – so kann man sich das Pressen ersparen.*
- *Trocknen Sie im Notfall Ihr Pflanzenmaterial im Mikrowellenherd, den Sie auf »Defrost« einstellen. Aber probieren Sie den Vorgang vorher aus, und nehmen Sie dazu nicht Ihre besten Exemplare.*
- *Tauschen Sie Blütenstiele aus, wenn zum Beispiel ein längerer oder abgerundeter Stiel gebraucht wird.*
- *Verschönern Sie eine Blume, indem Sie eine Dolde oder ein Blütchen in deren Mitte kleben.*
- *Sie können eine dunkle Blume herausheben, indem Sie sie über eine größere, hellere Blume kleben, oder kleine, farblich kontrastierende Blüten um den Rand ihrer Blätter festkleben.*
- *Beschneiden Sie klobige Stiele mit einer Nagelschere, um ihnen auf diese Weise ein ansprechenderes Aussehen zu geben.*
- *Bügeln Sie mit einem Bügeleisen auf kleinster Stufe die Falten aus Blüten und Blättern.*
- *Um einen glitzernden, theatralischen Effekt zu erzielen, verzieren Sie die Blumenzentren mit Perlen oder Pailletten.*
- *Wenn Sie zu wenig skelettierte Blätter haben, besprühen Sie feinen Schleier mit Farbe und benutzen ihn als Hintergrund.*
- *Geben Sie lichtdurchlässigen Blumen wie dem Schneeglöckchen einen Hauch von Farbe, und unterstützen Sie so deren Erscheinungsbild.*

- *Gräser, Farne und Farnwedel sollten Sie zwischen zwei Lagen Papier aufbügeln anstatt sie zu pressen.*
- *Das Pressen und Trocknen von frischen Blättern läßt sich mit einem Bügeleisen auf kleinster Stufeneinstellung durchführen.*
- *Schneiden Sie Pflanzenmaterial in Bogenform, um damit Bukettbilder zu verzieren.*
- *Verwenden Sie die Unterseite eines Blattes, wenn sie schöner ist als die Oberseite.*
- *Mit einer Briefmarkenpinzette können Sie Perlen besser halten als mit einer spitz zulaufenden.*
- *Beschädigte Blumen können Sie verwenden, indem Sie die besten Blütenblätter in einer Blumenform rund um einen kleinen Kreis aus Papier kleben.*
- *Kürzen Sie Blumen und Laubwerk, wenn Sie für Ihr Bild zu groß sind.*
- *Besprühen Sie empfindliche Samenköpfe mit Haarspray, um deren Auseinanderfallen zu verhindern.*
- *Vor dem Pressen sollten Sie Erdbeeren durchschneiden und einen Teil ihres weichen Fruchtfleisches entfernen. Legen Sie dann Papiertücher auf die Rückseite der Frucht.*
- *Beschneiden Sie Ihre skelettierten Blätter, indem Sie ein Blatt als Schablone verwenden, es über ein größeres legen und dann an der Kante entlang schneiden.*
- *Nach Fertigstellung wird ein Collagenbild auf seine Unterkante gestellt und kurz zur Entfernung einzelner Pflanzenreste abgeklopft.*

Das Besprühen von Samenköpfen

Getrocknete Samenköpfe können in einem Blumenbild sehr hübsch aussehen. Da die Samen leicht abfallen, fixiert man sie mit etwas Haarspray und klebt sie dann an die gewünschte Stelle.

Das Ausbessern von Blumen

Das Beschneiden klobiger Stiele

Blätter bügeln

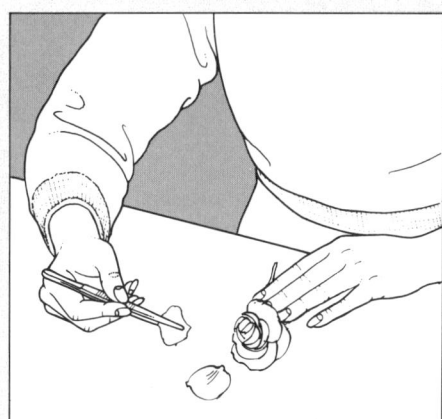

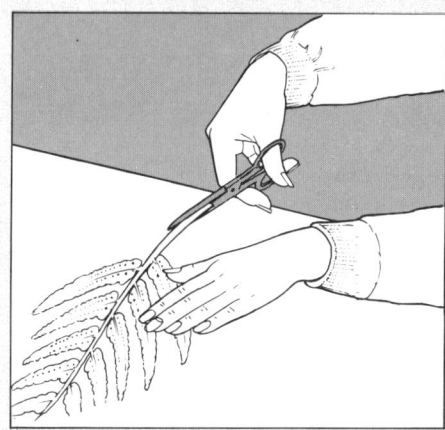

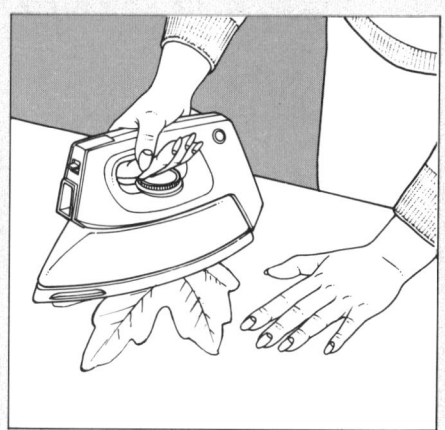

Beschädigte Blumen müssen nicht weggeworfen werden. Kleben Sie statt dessen neue und unbeschädigte Blütenblätter an die Stelle der alten. Sie können mit übriggebliebenen Blütenblättern sogar völlig neue Blumenköpfe schaffen, indem Sie auf eine Blumenform aus Papier Blütenblätter kleben.

Wenn ein Stiel zu dick und klobig wirkt, können Sie ihn beschneiden, um ihm eine elegantere Form zu geben. Pressen Sie den Farnwedel mit einer Hand flach auf den Tisch, und beschneiden Sie ihn vorsichtig der Länge nach. Benutzen Sie dabei eine scharfe Nagelschere oder ein Skalpell.

Wenn Sie keine gepreßten Blätter mehr vorrätig haben, bügeln Sie frische Blätter vorsichtig mit einem Bügeleisen auf kleinster Stufe. Das gleiche kann man auch mit Adlerfarn und anderen Farnen versuchen. Arbeiten Sie vorsichtig, um die Blätter nicht zu versengen, was ihre Farbe verändern würde.

～ Potpourri-Herstellung ～

Potpourri ist eine Mischung angenehm duftender Blätter, Blumen, Gewürze, Samen, Wurzeln und destillierter ätherischer Öle, mit der Sie Ihre Säckchen und Kopfkissen füllen können (vgl. Seite 88 und 92). Ihre Herstellung ist einfach und zudem eine sehr geruhsame Beschäftigung. Viele der dazu notwendigen Pflanzen können Sie in Ihrem Garten ziehen. Üblicherweise nimmt man Rosen, Flieder, Lavendel, Nelken, Hyazinthen, Maiglöckchen, Veilchen, Goldlack und ähnliche Pflanzen, die wir mit Parfums in Verbindung bringen, aber es gibt auch andere Pflanzen, die für einen feinen Wohlgeruch sorgen, wie Myrten, Geranien, Olearie, Monarde, Salbei, Bohnenkraut, Thymian, Diptam, Johanniskraut, Angelika und Aniskerbel. Sie können jede duftende Pflanze sammeln, trocknen und Ihrem Vorratstopf hinzufügen, auch Orangen-, Zitronen- und Limonenscheiben oder Mandarinenschale. Kräftig gefärbte Blumen und Blütenblätter, die nicht duften, können mit getrocknet werden; so wirkt Ihr Potpourri auch optisch gut. Einige Samenarten sind ebenfalls sehr wohlriechend; geben Sie jeweils ein paar dazu, und probieren Sie die einzelnen Duftkombinationen aus.

Am besten sammeln Sie die Zutaten während eines sonnigen Tages. Zum Trocknen bindet man die Blätter zu kleinen Büscheln zusammen und hängt sie an einen warmen und luftigen Ort. Einzelne Blätter, Blumen und Blütenblätter können Sie auf einem Tablett ausbreiten und zum Trocknen ebenfalls an einen warmen Platz stellen; doch denken Sie daran, sie täglich zu wenden. Man kann sie auch zusammen mit Blätterbüscheln in einem Netz aufhängen (ideal sind Obstnetze). Orangen-, Zitronen-, Limonen- und Mandarinenschalen lassen sich bei niedriger Temperatur im Backofen trocknen. Alle pflanzlichen Materialien können auch im Mikrowellenherd getrocknet werden; halten Sie sich dabei an die Anweisungen für das Trocknen von Kräutern. Je schneller Ihre Pflanzenzutaten trocknen, um so mehr Duftstoffe werden sie behalten.

Fixatoren & Duftöle

Mit Fixatoren kann man den Duft der ätherischen Öle von Blüten und Blättern und der hinzugefügten Öle haltbar machen. Sie sind unerläßlich, wenn Ihr Potpourri seinen Duft behalten soll und wenn Sie vermeiden wollen, daß Ihre mit Potpourri gefüllten hübschen Kissen und Beutelchen bereits nach sechs Monaten nach frisch gemähtem Heu riechen! Die Fixatoren besitzen einen eigenen Duft, der sich mit dem Bukett Ihres Potpourri mischt. Ich verwende zu gleichen Teilen Zimt und Veilchenwurzel, Sie können aber auch Benzoeharz oder andere Fixatoren verwenden. Die meisten bekommen Sie in Reformhäusern oder Parfümerien. Ein weiterer Fixator ist Patchouli; es verleiht einer Duftmischung mehr Tiefe und Intensität, muß aber mit größter Vorsicht dosiert werden. Da ich es mag, wenn meine Produkte intensiv duften, gebe ich immer destillierte ätherische Öle hinzu, wobei ich Rosen- und Lavendelöl bevorzuge. Sie sollten aber mit vielen verschiedenen Ölen experimentieren, um eines herauszufinden, das Ihnen gefällt. Der Duft eines Potpourri ist immer sehr individuell.

Wie man Potpourri herstellt

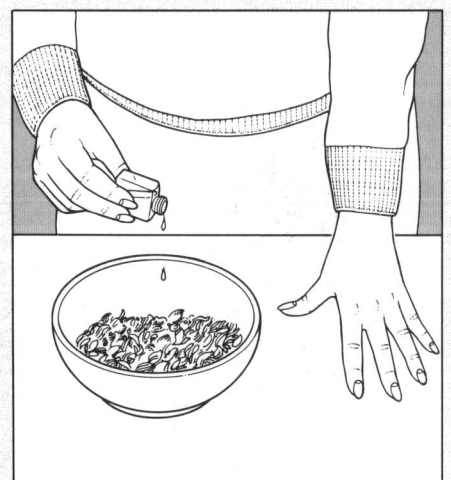

1 Geben Sie die getrockneten Blüten und Blätter in eine Schüssel. In einem anderen Gefäß mischen Sie die Fixatoren, wie Veilchenwurzel und Zimt, mit den Pflanzenölen, anschließend wird diese Mixtur tropfenweise zu den getrockneten Blüten und Blättern gegeben.

2 Mit der Hand vermischen Sie die Potpourri-Zutaten dann vorsichtig, damit Sie die empfindlichen Blütenblätter nicht zerquetschen. Achten Sie darauf, daß alle getrockneten Blüten und Blätter von den Fixatoren und Pflanzenölen überzogen sind.

3 Füllen Sie die Potpourri-Mischung in eine Frischhaltedose, und schließen Sie den Deckel dicht. Schütteln Sie das Gefäß kräftig, und lassen Sie es eine Woche stehen, damit sich die unterschiedlichen Öle und Parfumdüfte miteinander mischen und entwickeln können.

Mein Lieblingsrezept

Mein eigenes Potpourri-Rezept ist im Laufe der Jahre entstanden und leicht abzuwandeln. Denken Sie daran, daß die Reaktionen auf einen Duft immer individuell ausfallen und das Rezept, wie bei einem Lieblingskuchen, immer vom Konditor abhängig sein wird!

1,5 Teelöffel gemahlener Zimt
1,5 Teelöffel gemahlene Veilchenwurzel
3 oder 4 Gewürznelken
1 kleiner Tropfen Patchouliöl
6 Tropfen Rosenöl
2 Tropfen Lavendelöl
4 Tassen getrocknete Blumen,
Blütenblätter und Blätter

Potpourri-Gefäß
Die hübschen Verzierungen machen das viktorianische Potpourri-Gefäß zu einer reizenden Raumdekoration, wobei der Duft des Potpourri durch die Löcher im Deckel in die Luft entweichen kann.

Mischen Sie den Zimt, die Veilchenwurzel und die Gewürznelken in einer Schüssel. Geben Sie Patchouli-, Rosen- und Lavendelöl dazu. Das Ganze vermischen Sie dann gut und geben es langsam über die getrockneten Blüten und Blätter; achten Sie darauf, daß sich alle Zutaten gut miteinander vermischen. Füllen Sie die Mixtur in eine Frischhaltebox, schütteln sie kräftig und lassen sie mindestens eine Woche ziehen.

Dies kann die Basis Ihres Potpourri sein, zu dem Sie je nach Wunsch noch Zutaten hinzugeben. Nach Bedarf füllen Sie Fixatoren und Öle auf. Ich fülle immer wieder eine Dose mit Potpourri nach, dessen Duft jeweils von den verwendeten Blumen abhängt.

~ Das Färben von Textilien ~

Da ich in meinen Arbeiten oft Textilien verwende – sowohl als Hintergrund meiner Blumenbilder wie auch zur Fertigung von Duftkissen und -beuteln (siehe Seite 88 und 92) – habe ich schnell die Möglichkeiten des Färbens für mich entdeckt. Färben ist ein uraltes und sehr wichtiges Handwerk. Sie sollten sich nur einmal antike Perserteppiche ansehen (vielleicht bei einem Museumsbesuch), um die Schönheit der Pflanzenfarben zu erkennen. Viele dieser alten Teppiche zeigen Gartenszenen, und man kann auf ihnen die Muster antiker persischer Gärten wiederfinden; sicher sind viele Pflanzen aus diesen Gärten zum Färben der Teppichseide verwendet worden.

Färberpflanzen

Es gibt viele Pflanzen, wildwachsende wie kultivierte, die einen verwendbaren Farbstoff enthalten. Ringelblume und Kapuzinerkresse, die normalerweise in jedem Garten wachsen, liefern leuchtende orange und gelbe Farben, während die zerriebenen Blätter des Färberwaids einen tiefen Blauton erzeugen. Um verschiedene Grüntöne zu erreichen, bieten sich Nesseln, Bingelkraut und Maiglöckchenblätter an; die Blätter und Stengel des Echten Labkrautes, die Blütenköpfe des Mädesüß und verschiedene Teile von Flechte erzeugen gelbliche Farbtöne. Für ein kräftiges Rot nehmen Sie die Wurzel der Gemeinen Ochsenzunge, einer lieblichen Heckenblume mit blauen Blütenköpfen, die hell- oder dunkelblau sein können. Natürlich gibt es auch eine ganze Anzahl von Beerensorten, die Sie zum Färben verwenden können: Brombeeren und Holunderbeeren für ein sanftes Lila und Schlehenbeere für einen warmen Goldton.

Selbst wenn Sie mitten in der Stadt wohnen, können Sie an diesem Freizeitvergnügen teilnehmen. Wenn wildwachsende Blumen und Pflanzen schwer erhältlich sind, versuchen Sie es doch einmal mit exotischen Gewürzen wie Safran und Gelbwurz, die prächtige Gelb- und Goldtöne hervorbringen und uns etwas von den Geheimnissen des Orients vermitteln. Der alltägliche Tee und Kaffee erzeugen einen hellbraunen Farbton, Zwiebelschalen geben einen leichten Orangeton, und die Lebensmittelfarbe Koschenille sorgt für ein sanftes Hellrosa. Sie können mit allen möglichen Pflanzen und Gemüsesorten experimentieren, und wahrscheinlich werden Sie von den Ergebnissen angenehm überrascht sein.

Ich bin durchaus kein Experte oder gelernter Färber, aber ich nutze gern die Möglichkeiten des Färbens bei meinem Handwerk. Ich halte mich nicht an Anweisungen aus Lehrbüchern,

WIE MAN TEXTILIEN FÄRBT

1 Waschen und spülen Sie den Stoff. Geben Sie 7 g Soda *oder* 1,5 Teelöffel Salz *oder* 1,5 Teelöffel Natron (Beizmittel) in einen Kochtopf aus Emaille oder Stahl, der dreiviertel voll mit Wasser gefüllt wird. Wenn das Wasser kocht, legen Sie den Stoff hinein und lassen ihn eine Stunde lang kochen (Baumwolle oder Leinen) oder simmern (Seide). Danach nehmen Sie den Topf vom Herd und lassen den Stoff darin über Nacht abkühlen. Der Stoff ist nun gebeizt.

2 Nehmen Sie den Stoff aus dem Topf, den Sie dann erneut dreiviertel voll mit frischem Wasser füllen. Wenn Sie Blumen, Blätter oder Beeren zum Färben verwenden, geben Sie diese in einen Nylonstrumpf, der zugeknotet ins Wasser gehängt wird. Färbemittel wie Safran oder Gelbwurz können direkt in den Topf gegeben werden; Kaffee und Tee bleiben in ihren Beuteln. Lassen Sie das Wasser eine Stunde simmern, damit sich der eigentliche Farbstoff freisetzen kann.

3 Tauchen Sie den gebeizten Stoff langsam in den Farbtopf. Sie können die Färberpflanzen oder Farbstoffe im Topf belassen, da sie eventuell noch Farbe freisetzen. Erscheint Ihnen die Färbung zu blaß, geben Sie noch einen weiteren halben Teelöffel Beizmittel – Soda, Salz oder Natron – in den Topf. Schwenken Sie den Stoff, und bringen Sie das Wasser erneut zum Kochen (Baumwolle oder Leinen), beziehungsweise zum Siedepunkt (Seide).

aber die Farben werden bezaubernd, sind gewöhnlich ziemlich hell, und es gibt keine zwei gleichen Farbtöne! Da ich relativ kleine Behälter zum Färben meiner Stoffe verwende, kann ich auch nur sehr kleine Mengen Stoff auf einmal färben. Daher habe ich zum Schluß meistens eine Reihe verschiedener Textilien in unterschiedlich abgestuften Farben, was mir sehr gefällt. Kleine Beutel und Taschen wirken sehr originell, wenn sie aus diesen Stoffen gefertigt sind. Ich habe auch schon Spitze gefärbt, um ihr ein antikes Aussehen zu verleihen, besonders dann, wenn ich mit moderner weißer Baumwollspitze gearbeitet habe; umgekehrt habe ich auch alte Spitze weiß gewaschen. Wenn Sie ein Blumenmustertuch oder einen feierlichen, romantischen Kranz mit Spitze umranden wollen, ist es unerläßlich, daß die Spitze dezent naturfarben ist, damit sie den Gesamteindruck des Bildes unterstützt. Hier eignen sich Tee und Kaffee bestens als Farbstoff.

Vorbereitungen zum Färben

Ich färbe nur Textilien aus Naturstoffen, wie Baumwolle, Leinen und Seide, da ich nur solche Materialien in meinen Arbeiten verwende. Bevor Sie einen Stoff färben, sollten Sie sich vergewissern, ob er eine eigene natürliche Färbung besitzt, oder ob er weiß ist. Jeder gefärbte Stoff muß zuerst gebleicht werden.

Zusätzlich zur Färberpflanze oder zur Farbsubstanz benötigen Sie ein Beizmittel, das die Farbaufnahme des Stoffes erhöht. Sie können chemische Beizen kaufen, aber ich verwende nur die Beizmittel, die ich auch im Haus habe, wie Soda, Natron oder Salz.

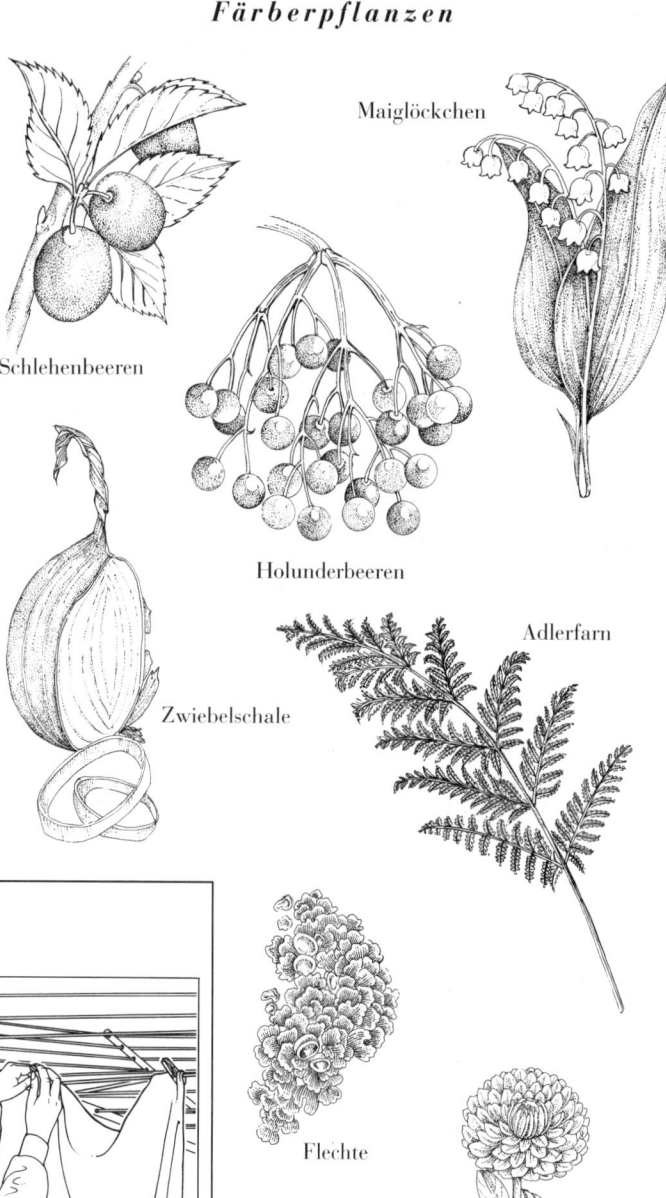

Färberpflanzen

Maiglöckchen

Schlehenbeeren

Holunderbeeren

Zwiebelschale

Adlerfarn

Flechte

Ringelblume

Moos

4 Rühren Sie mit einer Holzzange den Stoff regelmäßig im Topf um, damit sich die Farbe gleichmäßig verteilt. Kontrollieren Sie die Farbe der Textilien, um zu sehen, ob der Stoff die Färbung annimmt. Wenn Sie einen ziemlich leichten Farbton wünschen, darf der eigentliche Färbevorgang nur eine halbe Stunde dauern; wenn Sie eine stärkere Farbe wollen, entsprechend länger. Denken Sie daran, daß Ihr Stoff nach dem Trocknen einen Ton heller wirkt.

5 Wenn die gewünschte Farbintensität erreicht ist, nehmen Sie den Färbetopf vom Herd. Mit Hilfe einer Holzzange holen Sie den Stoff aus dem Topf und spülen ihn in warmem Wasser mehrmals gründlich durch. Hängen Sie ihn zum Trocknen auf und bügeln ihn vorsichtig, solange er noch feucht ist. Der gefärbte Stoff kann nun zur Herstellung von Duftbeuteln oder Spitzenkissen oder als Hintergrund Ihrer Blumenbilder verwendet werden.

～ Bilderrahmen ～

Ein Bilderrahmen schützt Ihr Bild und verstärkt den Gesamteindruck, ob es nun in kräftigen Farben oder sanften Pastelltönen gehalten ist. Sie können Ihre Bilder mit und ohne Passepartout rahmen, aber der Vorteil eines Passepartouts besteht darin, daß er das Bild vom eigentlichen Rahmen trennt und es so deutlicher hervorhebt.

Bei der Auswahl eines Bilderrahmens gibt es verschiedene Möglichkeiten: Sie können selbst einen Rahmen bauen, ihn anfertigen lassen oder einen bereits fertigen Rahmen kaufen. Jedenfalls muß Ihr Rahmen ziemlich tief sein, um die Strukturen Ihres Pflanzenmaterials zu fassen. Vielleicht müssen Sie auch dünne Holzleisten zwischen Glas und Rahmenholz einsetzen, um zusätzliche Tiefe zu gewinnen.

Rahmen selbst bauen

Es erfordert viel Geschick und Erfahrung, einen Rahmen selbst bauen zu können. Zuerst müssen Sie mit einem Gehrungsschneider vier Holzstücke so zuschneiden, daß die kurzen Seiten die Länge des Bildes oder der Passepartoutkanten haben. Dann verleimen Sie die vier Stücke an den zugeschnittenen Kanten zu

einer rechteckigen Gesamtform, wobei Sie jede Ecke mit einer Schraubzwinge festklemmen. Zur Sicherung der Ecken schlagen Sie danach mit einem Durchschlag noch Nägel ein. Setzen Sie Glas, Passepartout, Bild, Rückwand und eine Hartfaserplatte in den Rahmen ein, und sichern Sie die Platte abschließend mit Nägeln und gummiertem Papier.

Der Kauf eines Rahmens

Die Auswahl des richtigen Rahmens und Passepartouts ist eine Kunst für sich; probieren Sie verschiedene Rahmen aus. Ein guter Rahmenbauer kann Ihnen sicher einen Rat geben, aber Ihr persönlicher Geschmack sollte letztlich die Auswahl bestimmen. Um die Wirkung eines Rahmens abschätzen zu können, sollten Sie ungefähr zwei Meter von Ihrem Bild zurücktreten. Denken Sie daran, daß das Bild und die Komposition das Wichtigste sind. Ich bevorzuge dezente Rahmen, da ich meine, daß Blumenbilder für sich selbst sprechen sollten.

Ich kaufe nur selten wirklich kunstvolle und teure Rahmen. Für die meisten Bilder aus gepreßten Blumen oder Gemüsecollagen sind einfache Kieferrahmen mit ihrer natürlichen Wirkung

Wahl des Passepartouts
Wählen Sie das Passepartout als Ergänzung Ihres Bildes. Rechteckige Formen wirken streng, während ovale Passepartouts lieblicher sind und sich gut für sanfte, romantische Kompositionen eignen.

Zuschneiden des Passepartouts

Man braucht einige Erfahrung, um ein Passepartout mit einer Schrägkante sauber zuschneiden zu können. Verwenden Sie dazu ein schweres Metallineal und einen Passepartoutschneider oder ein scharfes Messer. Zeichnen Sie auf der Rückseite des Passepartouts die

Schnittlinien an. Halten Sie dann das Lineal flach entlang der gezogenen Linie an, und ziehen Sie den flachen Passepartoutschneider oder das schräggerichtete Messer entlang des Lineals auf sich zu.

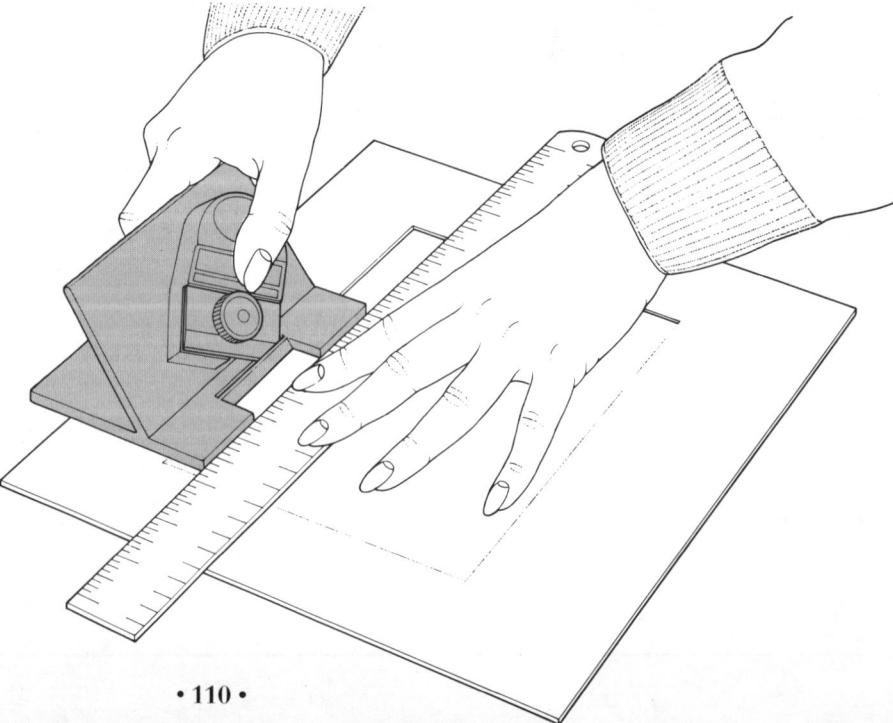

ideal. Damit sie mehr Glanz bekommen, können Sie diese Rahmen mit Gold- oder Silberpolitur einwachsen. Sie können einen Kieferrahmen aber auch in strahlenden und fröhlichen Farben bemalen. Ich streiche meine Rahmen weiß oder in einer Farbe, die zum Passepartout paßt. Eine prächtige und farbenfrohe Collage auf handgeschöpftem weißen Papier kann in einem schlichten weißen Rahmen verblüffend gut aussehen. Ein gleichmäßiges Aussehen erzielen Sie, wenn Sie den Rahmen nicht streichen, sondern einsprühen.

Sie können aber auch einfache Metallrahmen verwenden, die kühler und moderner wirken. Diese Rahmen sind für abstrakte Collagen und botanische Arrangements am besten geeignet. Der Handel bietet auch in Eiche und Eibe furnierte Rahmen an, die luxuriös wirken.

Aufarbeitung alter Rahmen

Wenn Sie in Trödel- und Antiquitätenläden nach alten, ausrangierten Bilderrahmen stöbern, können Sie preiswerte, ungewöhnliche Rahmen entdecken. Es ist heute sehr schwierig, wirklich schöne antike Rahmen ausfindig zu machen, denn sie sind für ein Blumenbild häufig zu kunstvoll und zu schwer. Aber auch weniger teure alte Holzrahmen können bezaubernd aussehen; ihre Formen haben das gewisse Etwas, das vielen modernen fehlt. Beim Abbeizen stoßen Sie vielleicht auf einen Untergrund aus weichem Kiefernholz. Beschädigte Gesso-Rahmen können abgekratzt und gereinigt oder zu kleineren Rahmen beschnitten werden. Mit Phantasie, Beize, Wachspolitur und Farbe läßt sich unter Umständen ein häßlicher Stuckrahmen in eine schlichte, fröhliche Umrahmung für Ihr Bild verwandeln. Rahmen aus gestanztem Blech sind preiswert und sehen zu einem Blumenbild immer entzückend aus. Wenn Sie Glück haben, finden Sie

Gestanzter Blechrahmen
Ein altmodischer Blechrahmen mit einem eingestanzten Blumenmuster ist die ideale Einfassung für ein Bild aus gepreßten Blumen.

vielleicht alte hölzerne Einsatzstücke (als Begrenzung innerhalb eines Rahmens). Ich nehme sie gern, weil sie nostalgisch wirken, was wunderbar zu meinen Blumenbildern paßt.

Das Einlegen einer Holzleiste

Wenn der Bilderrahmen nicht sehr tief ist, besteht die Gefahr, daß die kräftiger strukturierten Pflanzen in Ihrem Bild gegen das Glas des Rahmens gepreßt werden. Um dies zu verhindern, legen Sie, nachdem Sie das Glas eingepaßt haben und bevor das Bild eingesetzt wird, vier dünne Holzleisten in den Rahmen. Diese Leisten sorgen für einen vorstehenden Rand, auf dem das Bild ruhen kann, und trennen es gleichzeitig von der Glasscheibe.

Aufarbeitung eines alten Rahmens

Damit ein alter Rahmen wieder schön wird, entfernen Sie als erstes mit einem Abbeizer alle alten Farbreste. Danach schleifen Sie den Rahmen mit Schleifpapier, bis seine Oberfläche glatt ist, und reinigen Sie ihn mit einem weichen, feuchten Tuch. Benutzen Sie bei der Neulackierung eher Sprühfarbe als einen Pinsel, da so die Oberfläche gleichmäßiger wird. Wenn nötig, lackieren Sie ein zweites Mal.

~ Aufbau eines Gartens ~

Sie werden vielleicht schon jetzt in Ihrem Garten Pflanzen ziehen, die sich zum Pressen eignen. Wenn Sie aber die Absicht haben, viele Pflanzen zu pressen, wäre es sinnvoll, Ihren Garten oder einen Teil davon für Ihr Hobby einzurichten. Je reicher Ihre Auswahl an Blumen ist, desto größer werden Ihre Möglichkeiten bei der Anfertigung von Blumenbildern sein.

In unserem relativ milden und feuchten Klima lassen sich viele unempfindliche Pflanzen aus allen Teilen der Welt züchten; in einigen Regionen können sogar sehr zarte Pflanzen wachsen. Nehmen Sie dazu noch den Reichtum unserer einheimischen Flora, der Wiesen, Wälder und Hecken, und Sie werden die Qual der Wahl bei der Auswahl der Pflanzen für Ihren Garten haben.

Bauerngarten-Stil

Mein eigener Garten ist wild, unkonventionell, vielleicht übervoll in seiner Mischung aus Wild- und Kulturpflanzen. Ich liebe den Überfluß in meinem Garten, in dem alles miteinander wächst; die Pflanzen drängen über den Rand der Beete und säen sich selbst aus. Es mischt sich das Aristokratische mit dem Bescheidenen: Wunderschöner tibetanischer Klatschmohn steht auf Du und Du mit schwarzgeädertem Sauerampfer; Alte Rosen blühen zusammen mit Akelei und süßduftender Gemeiner Nachtviole, und entlang meines Gartenweges mischt sich ein Teppich aus Hundsveilchen mit Berg-Erdbeeren.

Man kann solche üppigen Wildgärten in jeder Größe anlegen, vom ausgedehnten und wuchernden Hinterhofgarten bis hin zu einem kleinen Vorgarten in der Größe eines Tischtuchs. Mit Ausnahme von einjährigen, sich selbst aussäenden Pflanzen sollte man am ehesten mehrjährige Pflanzen anbauen, um Zeit zu sparen, aber auch, um wucherndes Wachstum in den Garten zu bringen. Auf kleinen Grundstücken ist meist kein Platz für einen Rasen, aber denken Sie daran, Platz für Trittsteine und sich windende Pfade zu lassen. Die Pflanzen sollten eher um Platz kämpfen als nach einem künstlichen Schema wachsen; so erzeugen Sie eine wilde und üppige Wirkung. Pflanzen Sie große Exemplare in den Vorder- und Hintergrund, und umgeben Sie diese mit kriechenden Pflanzen. Kletterpflanzen sollten so angepflanzt werden, daß sie nicht nur über Mauern und Bäume, sondern auch durch Büsche wachsen.

Geeignete Pflanzen

Viele Pflanzen, wie Vergißmeinnicht, Akelei, Primeln, Scheinmohn, Zittergras, Günsel und Veilchen, säen sich selbst aus und verbreiten sich daher rasch. Natürlich müssen Sie zuweilen ausdünnen, aber seien Sie nicht zu hart. Lassen Sie dem Garten seinen Anflug ungeordneter Fülle und erlauben Sie den Jungpflanzen, in Mauerritzen und -spalten zu wachsen, in Steingärten und auf Wegen, und wo immer sie keimen wollen. Unsere Auffahrt aus Schotter ist im April ein Patchworkmuster aus Primeln, und sie werden natürlich überfahren und niedergetrampelt, aber das scheint ihnen nicht viel auszumachen. Eine wunderschöne Moschusgauklerblume wurzelte ein Jahr lang

sogar in der Regenrinne unserer Scheune und blühte üppig während des ganzen Sommers!

Wenn Sie Ihren Garten planen, denken Sie an die entstehenden Farbkombinationen Ihrer Pflanzen. Wenn Ihnen eine Kombination, die sich unerwartet in Ihrem Garten entwickelt hat, besonders gefällt, können Sie sie in Ihren Blumenbildern festhalten.

Falls Sie in Ihrem Garten einen feuchten, dunklen Platz haben und eine wirklich schöne Wildpflanze ziehen wollen, sollten Sie dort den Schierlings-Wasserfenchel anpflanzen. Ziehen Sie ihn zusammen mit Angelika und Aniskerbel, und Sie werden reichlich mit Dolden und Blütchen versorgt, die sich pressen lassen. Weitere schöne Wildpflanzen sind das Ruprechtskraut, das beinahe überall gut gedeiht, und das Schmalblättrige Weidenröschen, das ursprünglich in einem Kräutergarten kultiviert wurde. Es ist eine bezaubernde Gartenpflanze, die sich hervorragend pressen läßt. Versuchen Sie, neben der häufigeren tiefroten auch die weißblühende Gattung zu bekommen, da die beiden sehr gut zusammen gedeihen. Ich liebe auch die grünen Rispen des wilden Hopfens, und meine Pflanze macht eine jährliche Pilgerfahrt auf einem unansehnlichen Telegrafenmast. Jung gepreßt, kann man ihn verwenden, um eine Wildblumencollage zu besänftigen oder zu umrahmen. Sogar Gemeines gelbes Jakobs-Greiskraut sieht gepreßt hübsch aus, und ich ziehe es (wie ich zugeben muß, mit einigem Widerwillen) auf unserer Terrasse. Ich habe auch nichts gegen Scharbockskraut. Es wächst so üppig auf einem schattigen Fleckchen unseres Rasens, daß vermutlich das Gras dort nicht überlebt hat, aber dafür haben wir im Frühling einen wunderschönen Teppich aus Gelb und Grün.

Kultivieren Sie Ihren Garten

Wildgärten und Bauerngärten sind nicht so einfach zu bebauen, wie es sich anhört. Anfänglich werden Sie viel pflanzen und jäten müssen, denn Sie werden einige unerwünschte Gäste haben. Ein einfaches Wenden einer Erdscholle löst in meinem Garten eine Armee von Ampfersämlingen aus! Aber Sie werden durch die harte Arbeit beim Aufbau Ihrer eigenen gezähmten Wildnis auch eine große Befriedigung erleben. Um üppiges Wachstum zu fördern und aufrecht zu erhalten, muß der Boden sehr fruchtbar sein und sollte jedes Jahr mit einem guten organischen Kompost gedüngt werden. Ich verwende gut getrocknete Pferdeäpfel, aber Sie können auch Kuhmist, Torf oder einen organischen Kunstdünger nehmen.

Einfacher Gartenplan

Auf der nächsten Seite ist ein Gartenplan aufgezeichnet, der sich für einen Vorgarten oder einen kleinen Hinterhofgarten eignet. Er enthält die meisten Pflanzensorten, die sich zum Pressen anbieten und folgt dem lockeren, wildwachsenden Gartenstil, den ich bevorzuge. Denken Sie daran: Je mehr Pflanzen Sie züchten können, desto mehr Auswahl werden Sie bei der Fertigung Ihrer Blumenbilder haben.

Einfacher Gartenplan

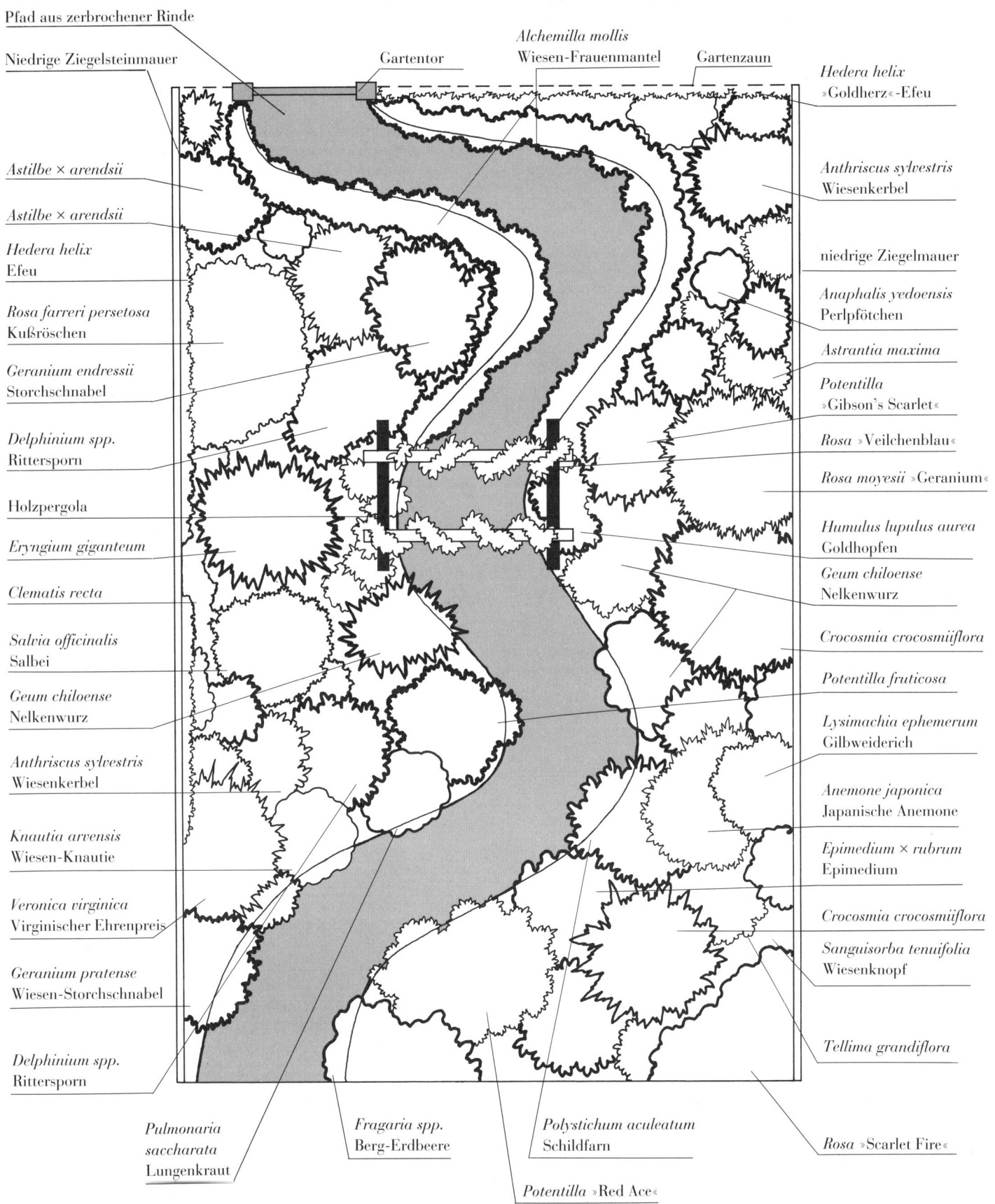

Pfad aus zerbrochener Rinde

Niedrige Ziegelsteinmauer

Gartentor

Alchemilla mollis
Wiesen-Frauenmantel

Gartenzaun

Hedera helix
»Goldherz«-Efeu

Astilbe × arendsii

Astilbe × arendsii

Hedera helix
Efeu

Rosa farreri persetosa
Kußröschen

Geranium endressii
Storchschnabel

Delphinium spp.
Rittersporn

Holzpergola

Eryngium giganteum

Clematis recta

Salvia officinalis
Salbei

Geum chiloense
Nelkenwurz

Anthriscus sylvestris
Wiesenkerbel

Knautia arvensis
Wiesen-Knautie

Veronica virginica
Virginischer Ehrenpreis

Geranium pratense
Wiesen-Storchschnabel

Delphinium spp.
Rittersporn

Pulmonaria saccharata
Lungenkraut

Fragaria spp.
Berg-Erdbeere

Polystichum aculeatum
Schildfarn

Potentilla »Red Ace«

Anthriscus sylvestris
Wiesenkerbel

niedrige Ziegelmauer

Anaphalis yedoensis
Perlpfötchen

Astrantia maxima

Potentilla
»Gibson's Scarlet«

Rosa »Veilchenblau«

Rosa moyesii »Geranium«

Humulus lupulus aurea
Goldhopfen

Geum chiloense
Nelkenwurz

Crocosmia crocosmiiflora

Potentilla fruticosa

Lysimachia ephemerum
Gilbweiderich

Anemone japonica
Japanische Anemone

Epimedium × rubrum
Epimedium

Crocosmia crocosmiiflora

Sanguisorba tenuifolia
Wiesenknopf

Tellima grandiflora

Rosa »Scarlet Fire«

Der Garten auf dem Balkon

Auch wenn Sie in der Stadt leben und nur einen Freiluftplatz auf dem Balkon oder in einem Innenhof haben, können Sie zum Pressen geeignete Wild- und Kulturpflanzen ziehen. Auf nur ein paar Quadratmetern läßt sich ein Garten von großer Vielfalt und Farbigkeit anlegen, ein Garten, der Sie mit genügend Pflanzmaterial versorgt, um mit der Fertigstellung von Pflanzenbildern zu beginnen. Mit ein wenig Sorgfalt und Aufmerksamkeit können viele Pflanzen in unterschiedlichen Gefäßen aus Holz, Steingut oder Kunststoff gezogen werden: in Trögen, Kübeln, Blumenkästen, hängenden Körben, Töpfen oder Tonnen.

Kübel und Töpfe

Alte Porzellanwaschbecken eignen sich gut zum Bepflanzen. Sie sind normalerweise recht tief, was Wucherpflanzen Raum zum Klettern gibt und Pflanzen mit tiefstrebenden Wurzeln beim Wachsen genug Halt gewährt. Blumenkästen, Wandkästen und Hängekörbe haben den Vorteil, daß sie mehr freie Bodenfläche bringen. Bottiche sind ideal – in ihnen können Sie einen ganzen Miniaturgarten unterbringen. Wenn Sie sich ein wenig umsehen, werden Sie alle möglichen Behälter finden, lassen Sie sich nicht von Konventionen einengen: Was könnte schöner aussehen als ein ausrangierter Nachttopf aus Porzellan, aus dem Efeu, Farne, Fuchsien und Aniskerbel sprießen!

Mischen Sie in Ihren Töpfen wilde Blumen mit Gartenexemplaren; so entsteht ein reizvolles Nebeneinander. Üppig wirkt es, wenn Sie alle Tröge, Kübel, Töpfe und Behälter zusammenstellen und Ihre Blumen dicht an dicht sprießen lassen. Versuchen Sie, möglichst unterschiedliche Blüten, Dolden, Zweige und lange

Pflanzen anzupflanzen, um später bei der Zusammenstellung von Blumencollagen eine reiche Auswahl zu haben.

Gute Blumenerde ist das sicherste Mittel, um Ihren Blumen einen »fliegenden Start« zu verschaffen. Sie können entweder den dafür geeigneten, fertig gemischten Kompost im Gartencenter kaufen oder, was noch besser wäre, die Blumenerde selbst mischen. Ich verwende zwei Teile Lehm oder Kompost auf ein Teil erstklassigen Torf oder Lauberde und ein Teil groben Sand oder Kies. Bevor Sie Ihre Behälter mit Blumenerde auffüllen, sorgen Sie dafür, daß diese auf dem Boden Dränagelöcher haben, die Sie mit einer Lage Steine oder Tonscherben bedecken. Das verhindert, daß Ihre Blumenerde sauer wird. Denken Sie daran, regelmäßig zu gießen, da die Blumenerde sehr schnell austrocknet. Für wirklich üppiges Wachstum geben Sie Ihren Pflanzen während der Wachstumsperiode noch Düngerstäbchen hinzu.

Wenn Sie Ihren Vorrat an Pflanzen zum Pressen erweitern wollen, vergessen Sie nicht, daß Kräuter wie Löwenzahn oder Gänseblümchen auch in Städten und in den kleinsten Ecken und Ritzen wachsen. Sie können auch ein paar frische oder getrocknete Pflanzen kaufen, um Ihr Lager aufzufüllen.

Pflanzen zum Pressen

Unten finden Sie eine Liste mit Blumen, die sich zum Pressen eignen und die man in Behältern züchten kann. Außerdem habe ich Vorschläge gemacht, welche Art von Behälter am besten den Ansprüchen einer Pflanze entspricht, aber Pflanzen gedeihen natürlich, und eine Pflanze, die zu groß wird, muß geteilt oder umgetopft werden.

Kübel

Achillea millefolium Schafgarbe
Alchemilla mollis Wiesen-Frauenmantel
Anemone japonica Japanische Anemone
Anthriscus sylvestris Wiesenkerbel
Astrantia spp. Sterndolde
Chamerion angustifolium Schmalblättriges
    Weidenröschen
Clematis recta Aufrechte Waldrebe
Fuchsia magellanica Purpurfuchsie
Geranium pratense Wiesen-Storchschnabel
Humulus lupulus aurea Goldhopfen
Myrica gale Myrte
Myrrhis odorata Aniskerbel
Rosa moyesii Rosa moyesii »Geranium«

Knollen

Anemone spp. Anemone
Colchicum spp. Schneeglöckchen
Galanthus nivalis Krokus
Muscari spp. Traubenhyazinthe

Kräuter

Borago officinalis Borretsch
Cryptogramma spp. Petersilie
Mentha spp. Ingwerminze
Origanum spp. Majoran
Rosmarinus spp. Rosmarin
Salvia spp. Salbei
Thymus spp. Thymian

Blumenkästen

Anchusa capensis
    Gemeine Ochsenzunge
Anthemis spp. Kamille
Bellis perennis Bellis
Calendula spp. Ringelblume
Delphinium spp. Rittersporn
Eschscholzia spp. Escholzie
Fragaria spp. Berg-Erdbeere
Linaria spp. Leinkraut
Lobelia spp. Lobelie

Myosotis spp. Vergißmeinnicht
Nigella spp. Jungfer im Grünen
Scabiosa atropurpurea Skabiose
Viola spp. Stiefmütterchen

Töpfe

Alchemilla mollis Wiesen-Frauenmantel
Anthemis spp. Kamille
Astrantia spp. Sterndolde
Borago officinalis Borretsch
Daucus carota gummifer Wilde Möhre
Geum chiloense Nelkenwurz
Hedera spp. Efeu
Mentha spp. Ingwerminze
Origanum spp. Majoran
Potentilla spp. Fingerkraut
Rosa chinensis minima
Tanacetum parthenium Mutterkraut
Thymus spp. Thymian
Veronica virginica Virginischer Ehrenpreis

Entwurf für einen einfachen Balkongarten

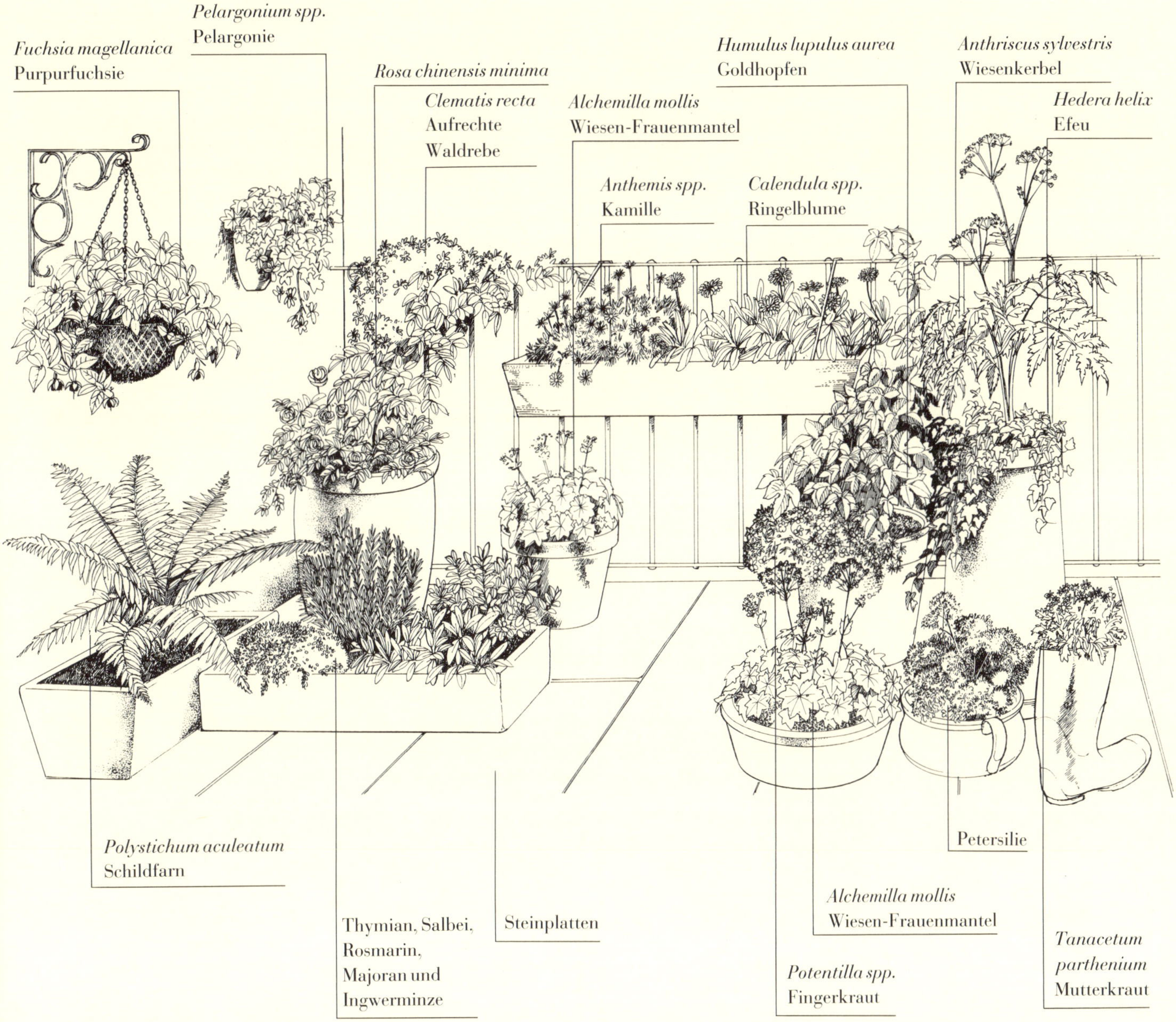

Fuchsia magellanica
Purpurfuchsie

Pelargonium spp.
Pelargonie

Rosa chinensis minima

Clematis recta
Aufrechte
Waldrebe

Alchemilla mollis
Wiesen-Frauenmantel

Anthemis spp.
Kamille

Humulus lupulus aurea
Goldhopfen

Calendula spp.
Ringelblume

Anthriscus sylvestris
Wiesenkerbel

Hedera helix
Efeu

Polystichum aculeatum
Schildfarn

Thymian, Salbei,
Rosmarin,
Majoran und
Ingwerminze

Steinplatten

Petersilie

Alchemilla mollis
Wiesen-Frauenmantel

Potentilla spp.
Fingerkraut

*Tanacetum
parthenium*
Mutterkraut

Eine Auswahl von Terrakotta-Töpfen

Geschützte Blumen

Unsere Pflanzenwelt gehört, begünstigt durch unsere feuchten klimatischen Bedingungen, zu den vielfältigsten der Welt. Aber durch die modernen Methoden der Land- und Forstwirtschaft, die Zerstörung unserer Hecken, die Trockenlegung von Mooren und Sümpfen und durch das Umpflügen unserer alten Wiesenlandschaften wurde die Heimat vieler schöner einheimischer Pflanzen zerstört, und die wahre Substanz unserer Landschaft verschwindet. Es liegt an uns, etwas dagegen zu tun, und so möchte ich jedem empfehlen, sorgfältig nachzudenken, bevor er irgendeine Wildblume pflückt.

Glücklicherweise sind heutzutage viele seltene Wildblumen unter Naturschutz gestellt und dürfen weder gepflückt noch ausgegraben werden (siehe unten die Liste der geschützten Pflanzen). Verstöße gegen dieses Gesetz werden mit einer Geldbuße bis zu 100 000 DM geahndet. Es ist zumindest ein Anfang, das zu schützen, was noch übrig ist, aber wir sollten dennoch immer sorgfältig und vernünftig sein. Daß es durchaus zulässig ist, häufig vorkommende Kräuter wie Löwenzahn, Gänseblümchen und Ampfer zu pflücken, sagt einem schon der gesunde Menschenverstand, aber selbst das sollte nur in Maßen geschehen. Lassen Sie immer einige Blumen zum Aussäen zurück, pflücken Sie nie eine einzelstehende Pflanze und nie mehr, als Sie wirklich brauchen. Schützen Sie unsere Moose und Flechten und erlauben Sie, wenn möglich, deren Wachstum auch in Ihrem eigenen Garten. Versuchen Sie, in Ihrem Garten Wildblumen zu züchten, besonders die selteneren, und geben Sie die übrigen Jungpflanzen an Freunde und Nachbarn weiter. Wir alle müssen mithelfen bei der Bewahrung unserer schönen Pflanzenwelt.

LISTE DER GESCHÜTZTEN PFLANZEN

deutsche Bezeichnung	lateinische Bezeichnung	deutsche Bezeichnung	lateinische Bezeichnung
Acker-Wachtelweizen	*Melampyrum arvense*	Labkraut-Sommerwurz	*Orobanche caryophyllacea*
Affen-Knabenkraut	*Orchis simia*	Lauch-Gamander	*Teucrium scordium*
Ähriger Ehrenpreis	*Veronica spicata*	Meerbinse	*Scirpus triquetrus*
Alpen-Milchlattich	*Cicerbita alpina*	Monte Baldo-Hasenohr	*Bupleurum baldense*
Alpen-Wimpernfarn	*Woodsia alpina*	Moor-Glanzkraut	*Liparis loeselii*
Alpen-Ziest	*Stachys alpina*	Natternzüngiger Hahnenfuß	*Ranunculus ophioglossifolius*
Ausdauernder Knäuel	*Scleranthus perennis*		
Beifuß-Sommerwurz	*Orobanche loricata*	Netzige Sommerwurz	*Orobanche reticulata*
Bergheide	*Phyllodoce caerulea*	Nickender Steinbrech	*Saxifraga cernua*
Braunes Zyperngras	*Cyperus fuscus*	Norwegisches Sandkraut	*Arenaria norvegica*
Deutscher Ziest	*Stachys germanica*	Pfingstnelke	*Dianthus gratianopolitanus*
Diapensia lapponica	*Diapensia lapponica*		
Dickies Blasenfarn	*Cystopteris dickieana*	Plymouth-Birne	*Pyrus cordata*
Dürftige Segge	*Carex depauperata*	Quirlblättrige Weißwurz	*Polygonatum verticillatum*
Faltenlilie	*Lloydia serotina*		
Feld-Beifuß	*Artemisia campestris*	Rasen-Steinbrech	*Saxifraga cespitosa*
Feld-Mannstreu	*Eryngium campestre*	Rauher Eibisch	*Althaea hirsuta*
Felsennelke	*Petrorhagia nanteuilii*	Riemenzunge	*Himantoglossum hircinum*
Frauenschuh	*Cypripedium calceolus*	Rostbrauner Wimpernfarn	*Woodsia ilvensis*
Froschkraut	*Damasonium alisma*	Rotes Waldvögelein	*Cephalanthera rubra*
Frühlings-Enzian	*Gentiana verna*	Schnee-Enzian	*Gentiana nivalis*
Garten-Wolfsmilch	*Euphorbia peplis*	Sichelblättriges Hasenohr	*Bupleurum falcatum*
Gelbweißes Ruhrkraut	*Gnaphalium luteoalbum*	Spinnen-Ragwurz	*Ophrys sphegodes*
Gemeine Zwergmispel	*Cotoneaster integerrimus*	Steife Miere	*Minuartia stricta*
Gras-Froschlöffel	*Alisma gramineum*	Stein-Fingerkraut	*Potentilla rupestris*
Großer Klappertopf	*Rhinanthus serotinus*	Strahlensame	*Lychnis alpina*
Haarfarn	*Trichomanes speciosum*	Strandflieder	*Limonium vulgare*
Helm-Knabenkraut	*Orchis militaris*	Strand-Knöterich	*Polygonum maritimum*
Hummel-Ragwurz	*Ophrys fuciflora*	Sumpfveilchen	*Viola persicifolia*
Illyrische Gladiole	*Gladiolus illyricus*	Wald-Bergminze	*Calamintha sylvatica*
Kelch-Steinkresse	*Alyssum alyssoides*	Weiden-Lattich	*Lactuca saligna*
Kopflauch	*Allium sphaerocephalon*	Widerbart	*Epipogium aphyllum*

Register

Danksagung

Danksagung der Autorin

Ich möchte mich bei allen Mitarbeitern des Verlags Dorling Kindersley bedanken, die dieses Buch möglich gemacht haben: Fiona Macmillan für ihre kreative Hilfe und nie nachlassende Unterstützung; Heather Dewhurst für das Verständnis, das sie mir entgegenbrachte; und David Lamb, Jackie Douglas und Roger Bristow, die alle ihren Teil zu diesem Buch beitrugen. Ich möchte auch Geoff Dann für seine Fotos und sein konstruktives Interesse an diesem Projekt danken. Dem Magazin ›Country Living‹ schulde ich ganz besonderen Dank, da es für mich ohne die Titelreportage nie die Möglichkeit gegeben hätte, dieses Buch zu veröffentlichen. Nicht zuletzt möchte ich mich bei meinem Mann Bob bedanken, der geduldig all meinen Problemen zuhörte und mich begeistert bei verschiedenen, auch fruchtlosen, Unternehmen begleitete!

Der Verlag Dorling Kindersley ist Richard Bird, Kate Grant und Suzanna Longley für ihre Mitarbeit an diesem Buch zu großem Dank verpflichtet.

Fotonachweis

Außer dem Foto Seite 8, das von Jacqui Hurst stammt, wurden alle Fotos von Geoff Dann erstellt.

Illustratoren

David Ashby, Vana Haggerty, Haywood Art Group